¡Tsch, no se lo cuentes a nadie son para ti!

CADA CANCIÓN CUENTA

CADA CANCIÓN CUENTA ES UNA GUÍA ESENCIAL PARA CUALQUIER ARTISTA QUE BUSQUE CONSTRUIR UNA CARRERA MUSICAL SÓLIDA, SOSTENIBLE Y RENTABLE, INDEPENDIENTEMENTE DE SU NIVEL DE FAMA.

El libro que te revela los secretos mejor guardados de la industria musical por Robert Merca y Earving Núñez.

En Brain Music Services, creemos en el poder transformador de la música y en el talento único de cada artista, creador y compositor. Nuestra misión es clara y apasionada: impulsar y promover ese talento proporcionando servicios integrales de promoción musical. Estamos dedicados a ayudar a los artistas a monetizar su trabajo y construir carreras longevas, organizando y administrando sus recursos artísticos con eficacia y dedicación.

Earving Núñez

Con una trayectoria sólida en la industria musical, Earving Núñez es un estratega especializado en el desarrollo de artistas, la promoción musical y la gestión de lanzamientos. Como fundador de Brain Music Services, ha trabajado con artistas independientes y sellos discográficos, proporcionando soluciones efectivas para maximizar el impacto de su música en plataformas digitales y en la industria en general.

A lo largo de su carrera, ha colaborado en la promoción de proyectos de diversos géneros, incluyendo el regional mexicano, el hip-hop y el trap, ayudando a los artistas a construir carreras sostenibles y monetizar su talento. Su enfoque se basa en una combinación de creatividad, innovación y visión estratégica para posicionar la música en el mercado actual. Earving ha desarrollado campañas efectivas que han colocado música en tendencias, aumentado la visibilidad de artistas y generado engagement en plataformas como YouTube, TikTok e Instagram. Su enfoque combina la selección estratégica de creadores de contenido con la integración de la música en tendencias digitales, logrando resultados orgánicos y virales. Además, es co-presentador de "Cerebros - El Podcast", un espacio en el que comparte conocimientos y experiencias con expertos de la industria musical, ofreciendo herramientas valiosas para compositores, productores, managers y emprendedores del sector.

En Cada Canción Cuenta, Earving Núñez compartirá estrategias prácticas y casos de éxito.

Robert Merca

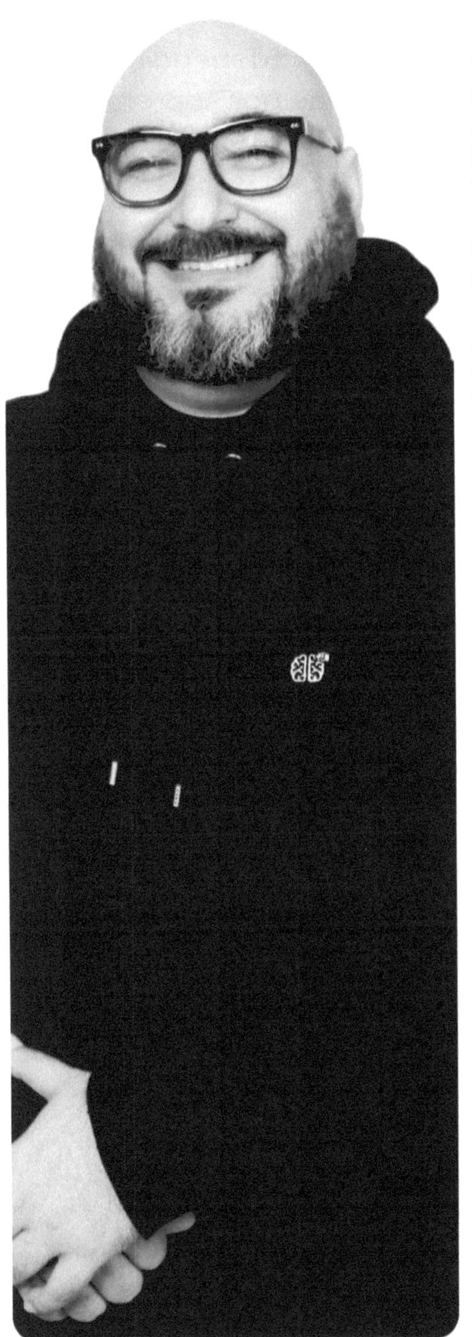

Reconocido conferencista, experto en marketing y herramientas digitales, con más de 20 años de experiencia en la industria. Su enfoque innovador y su visión estratégica lo han convertido en un referente para profesionales y empresas que buscan adaptarse y destacar en un entorno en constante evolución.

A lo largo de su trayectoria, ha colaborado con empresas de renombre, impartido talleres y conferencias, y liderado campañas de alto impacto a nivel nacional e internacional. Como orador, Robert se distingue por su habilidad para transformar conceptos complejos en estrategias claras y aplicables. Su estilo dinámico y práctico inspira a las audiencias a tomar acción de inmediato, brindando soluciones concretas que pueden implementarse en cualquier organización.

En Cada Canción Cuenta, revelará cómo los artistas con sello o independientes, pueden conquistar tanto el corazón como la lealtad de sus fans, ofreciendo herramientas clave para fortalecer su estrategia, potenciar la creatividad y optimizar el uso de la tecnología.

Te invitamos a ser parte de esta experiencia enriquecedora, donde juntos exploraremos nuevas oportunidades de crecimiento y transformación dentro de la Industria Musical.

Dedicado a los artistas independientes,
a nuestro equipo y familias que nos soportaron.

PRÓLOGO: VOCES QUE CONSTRUYEN LEGADO. EXPERIENCIAS, VERDADES Y MOTIVACIÓN PARA NO DEJAR A MEDIAS **CADA CANCIÓN CUENTA**

La música no es un camino, es un viaje. Un viaje de luces y sombras, de acordes que se elevan como alas y silencios que pesan como rocas. Es un universo donde los sueños se tejen con hilos de pasión, pero también con callos en las manos y noches en vela. Este libro no es solo un compendio de consejos; es un mapa trazado por quienes han caminado por el desierto de la incertidumbre y han regresado con lecciones talladas en su piel.

Toño Lizárraga nos recuerda que la humildad no es sinónimo de sumisión, sino la brújula que orienta a quienes construyen algo verdadero. Porque en un mundo lleno de voces que opinan sin haber levantado ni un ladrillo, la autenticidad se defiende con hechos, no con palabras. Y sí, la industria musical es un negocio implacable —como advierte **Roberto López** (BTT)—, pero su esencia no está en imitar, sino en crear un estilo único. Porque al final, como él dice, "la última palabra la tiene el público", y solo aquellos que logran conectar trascenderán. **Ángel García** pinta con crudeza y poesía la vida del músico: "alimentarse de sueños y sobrevivir con aire". Es un viaje de contradicciones, donde los contactos aparecen cuando ya no se necesitan, donde el pastel del éxito hay que repartirlo antes de probarlo, y donde tres minutos de canción pueden convertirse en eternidad… o en polvo.

Pero, como señala **Carlos Chollet**, no todo lo que suena funciona, pero lo que conecta deja legado. Ahí reside la diferencia entre ser efímero y ser inmortal.

¿Cómo navegar este mar tempestuoso? **Salvador Aponte** lo resume en una palabra: disciplina. Acciones diarias, sin excusas, sin pausas. Y **Carlos Osuna** (Tenor) agrega otra: preparación. Porque las oportunidades no avisan, y solo los que están listos las convierten en escalones. **Alex Coppel** lo dice sin rodeos: "quema tus barcos". No hay plan B para los que quieren hacer historia.

Pero cuidado: la inspiración no nace del vacío. **Alan Jacques** recuerda que hasta los genios se apoyan en hombros de gigantes. Aprender de los mejores no es copiar, es honrar el arte para luego reinventarlo. Y mientras lo haces, **Jey El Del Teclado** susurra una verdad incómoda: la música no es para los sedientos de aplausos, sino para los que necesitan gritar su verdad, incluso en la oscuridad.

Arturo Valdez "El Pollo" nos alerta: las estrellas fugaces abundan, pero solo las auténticas perduran. La identidad no se negocia. Y en ese camino, **Cozy Cuz** aconseja dar gracias cada día, cuidar cuerpo y alma, y crear sin obsesionarse por el éxito. Porque, como remata **Omar Cárdenas**, la perseverancia supera al talento. El dinero llegará, pero el arte debe reinar.

Este libro es una sinfonía de voces que han vivido lo que predican.

No es un manual, es un espejo para que te preguntes: ¿Estás listo para quemar tus naves? ¿Para sudar disciplina, abrazar la autenticidad y convertir tus tres minutos en eternidad? Si la respuesta late en tu corazón, entonces... **Cada Canción Cuenta.**

Empieza a leer. **Y no pares hasta la última página.** Porque tu legado, como toda gran canción, merece ser escuchado hasta el final.

PRÓLOGO

Cada Canción Cuenta no es solo un libro; es un manifiesto para artistas, productores y soñadores que se niegan a ser arrastrados por la corriente. En estas páginas, **Earving Núñez** y **Robert Merca** no ofrecen fórmulas mágicas, sino algo más valioso: herramientas para convertir la vulnerabilidad del arte en poder.

Earving, con su mirada de estratega y corazón de artista, nos recuerda que la música no es un producto, sino un diálogo íntimo con el mundo. **Robert**, por su parte, aporta la precisión de un arquitecto digital, enseñando cómo construir puentes entre la autenticidad y las tendencias.

En **Editorial ISRAEL,** creemos en libros que no se leen, sino que se viven. **Cada Canción Cuenta** es uno de ellos. No importa si eres un artista emergente tocando en bares o un productor con décadas de carrera: aquí encontrarás algo más que consejos. Hallarás un mapa para navegar la paradoja más grande del arte moderno: ser fiel a tu voz mientras conquistas al mundo. Porque, como bien dicen sus autores, **una canción no se mide por los streams que acumula, sino por los corazones que transforma.** Y eso, querido lector, es lo único que perdura, vive este libro de principio a fin y descubre los secretos desvelados de la industria musical por sus autores.

José Ariel Beltrán
Director de Editorial ISRAEL

ÍNDICE

MANIFIESTO

Creemos en el poder transformador de la música y en el talento único de cada artista, creador y compositor.

Juramos defender sus carreras hasta conseguir el éxito.

Dedicados a construir proyectos longevos, en equipo, con pasión y dedicación.

En nuestras manos no está asegurarte el éxito, pero SÍ trabajar arduamente para sacarle el máximo provecho a cada canción.

Si no es esta canción es la que sigue.

Porque **Cada Canción Cuenta.**

01

QUIERO SER ARTISTA

Ser artista es uno de los sueños más comunes y, al mismo tiempo, uno de los más desafiantes. La música tiene el poder de conectar emociones, contar historias y trascender fronteras. Sin embargo, la industria musical es un mundo complejo que requiere no solo talento, sino también dedicación, estrategia y una comprensión profunda de cómo funciona el negocio. En este capítulo, exploraremos qué significa ser artista en la actualidad, cómo identificar tu estilo y lugar en la música, y los desafíos y estrategias para construir una carrera sólida.

> **Haz al menos una acción diaria que te acerque a tu objetivo, no importa si son fines de semana, tu cumpleaños o vacaciones, son 365 días de disciplina y al mirar atrás notarás la diferencia.**

Salvador Aponte - Compositor

Ser artista hoy en día

Ser artista en la era digital implica mucho más que crear música. Significa tener la sensibilidad para contar historias que resuenen con las nuevas generaciones, que buscan identidad y conexión en un mundo cada vez más globalizado. Hoy, los artistas deben dominar los medios digitales para conectar con su audiencia de manera auténtica. Además, es crucial entender métricas y estadísticas, pero sin obsesionarse con los algoritmos. El verdadero reto no es solo ser escuchado, sino convertirse en la voz de una generación.

Ser artista hoy implica ser proactivo y estar en constante evolución. Debes tener una visión clara y estar dispuesto a renunciar a ciertas cosas para alcanzar tus metas. La empatía es clave; cuando logras conectar con tu audiencia, todos los esfuerzos valen la pena. Mantener una actitud auténtica y cordial es esencial, ya que vives de tu arte y de la conexión que estableces con tu público.

¿Cómo identificar mi estilo y mi lugar en la música?

Definir tu estilo es uno de los mayores desafíos, especialmente cuando estás comenzando. Es normal inspirarse en otros artistas e imitar sus estilos al principio, pero con el tiempo, es esencial encontrar tu propia voz. La clave está en explorar, experimentar y descubrir nuevas influencias. Aunque el camino puede ser difícil, lo importante es proponer algo auténtico que refleje quién eres.

La mejor manera de empezar es alinear tus aspiraciones con tu pasión y energía. Encuentra algo que te inspire y te motive a crear. Es fundamental estar informado sobre lo que ocurre en la industria y estar dispuesto a adaptarte a las diferentes realidades del mercado. La clave es ser auténtico y profesional en tu enfoque.

¿Cómo enfrentan los artistas emergentes el reto de construir su carrera?

La industria musical es más que solo música. Para los nuevos artistas, entender esto puede ser abrumador. En el centro de todo está la necesidad de hacer música, pero también de hacer conexiones, colaborar y construir una audiencia. Lo que realmente importa es lo que el artista representa, ya que eso es lo que se vuelve valioso. La música es solo una parte; conectar con el público puede definir tu éxito, sin embargo, los principales obstáculos son la falta de recursos, la dificultad para darse a conocer y la necesidad de armar un equipo sólido. Es crucial encontrar personas que compartan tu visión y estén dispuestas a trabajar contigo. También es importante aprender a manejar las presiones y los desafíos.

Nunca hay que dejar de prepararse tanto vocalmente como musicalmente para que cuando las oportunidades lleguen a nuestras vidas, uno pueda estar a la altura de lo que se pida y así aprovechar y disfrutar el momento al máximo.

Carlos Osuna (Tenor) - Artista e intérprete

¿Cómo mantienen su carrera los artistas con mayor trayectoria?

Un artista exitoso no trabaja solo. Debe rodearse de un equipo sólido: productores, managers, especialistas en redes sociales, vendedores de entradas y expertos en imagen. Cuando un artista alcanza cierto nivel, las cosas cambian. Puede ganar mucho dinero, pero también hay otros que ganan aún más. El artista comienza a convertirse en una "empresa", y es aquí donde debe tomar decisiones estratégicas para no perder su esencia.

Para crecer, es esencial tener un plan claro y trabajar de manera constante. Debes estar dispuesto a aprender y a adaptarte a los cambios en la industria. Construir una red de contactos, colaborar con otros artistas y estar presente en las plataformas digitales son estrategias clave. Además, debes estar atento a las tendencias y oportunidades que surgen en el mercado.

CREAR Y CREER.
Eudis Ruiz

SER ARTISTA REQUIERE DEDICACIÓN, PASIÓN Y PERSEVERANCIA. DEBES ESTAR DISPUESTO A ENFRENTAR LOS DESAFÍOS Y APRENDER DE CADA EXPERIENCIA.

LA CLAVE ES MANTENER UNA VISIÓN CLARA Y TRABAJAR CONSTANTEMENTE PARA ALCANZAR TUS METAS. CON EL TIEMPO, LOS RESULTADOS LLEGARÁN, Y PODRÁS VER CÓMO TU ESFUERZO SE TRADUCE EN ÉXITO Y RECONOCIMIENTO.

Una carrera musical no existe sin soñadores, y los sueños no se cumplen sin acción. Somos personas de acción, y es por eso que hemos decidido aportar nuestro granito de arena para ayudar a los artistas a cumplir sus sueños. Parte de nuestra misión es lograr que los artistas, compositores, productores y todos los jugadores del juego de la música comprendan que la música es un negocio.

La música, según la RAE, es el "arte de combinar los sonidos de la voz humana o de los instrumentos, o de unos y otros a la vez, de suerte que produzcan deleite, conmoviendo la sensibilidad, ya sea alegre o tristemente." Esta definición nos recuerda que la creación de música involucra la colaboración de múltiples participantes clave, como el compositor, el productor, los ingenieros de mezcla y masterización. Sin embargo, todo comienza con una buena canción, y aquí entra en juego el factor más importante: la conexión. ¿Qué es lo que convierte una canción en un éxito global? La respuesta correcta: las personas.

Si tienes una canción que conecta con las personas, ya sea porque les evoca tristeza, alegría o simplemente les invita a bailar, es porque esa canción ha logrado capturar y reflejar lo que está sucediendo en la sociedad en ese momento.

¿De qué vas a vivir si decides dedicarte a la música?

Desde que tengo uso de razón, he tomado clases de música: flauta, canto, piano, guitarra. En algún momento consideré dedicarme a esto, pero viniendo de una familia de contadores, la idea parecía impensable; para ellos, la música solo formaba parte de un desarrollo integral, no de una manera de ganarse la vida. Me alejé de la idea de hacer carrera en la música, hasta que un amigo manager de una banda de regional mexicano, me invitó a crear campañas para vender fechas (yo me dedicaba a la publicidad en medios digitales). Luego, me pidió ayuda con campañas para lanzamientos de canciones. Esto fue en 2011, cuando las herramientas digitales no eran lo que son hoy, pero las campañas ayudaron mucho en su momento.

Así se me abrió la posibilidad de regresar al mundo de la música, pero desde una perspectiva más amplia y con mayor experiencia. Fue entonces cuando me di cuenta de que es posible vivir de la música sin ser una superestrella. La realidad es que, si abordas la música como un trabajo, puede convertirse en tu modo de vida y ser rentable. Pero aquí surge una pregunta crucial. ¿Es la música un negocio implacable o un arte sublime? ¿Cómo equilibrar ambas caras de la moneda sin perder tu esencia? La respuesta no es fácil, pero está en cada nota que creas, en cada decisión que tomas. ¿Estás listo para construir una carrera que trascienda lo efímero y se arraigue en lo significativo?

> **Si vas a dedicarte a la música, quema tus barcos, que no haya un plan B. Los que de verdad dejan huella, llegan sin red de seguridad, prenden fuego a sus dudas y se quedan a construir su legado.**

Alex Coppel - Artista y compositor

¡QUIERO SER ARTISTA!

¿Estás dispuesto a trabajar más de 8 horas, en tu proyecto al igual que en cualquier otro trabajo?

02

LA INDUSTRIA MUSICAL

La industria musical es un universo vasto y multifacético, donde el arte y el negocio se entrelazan para crear algo más grande que la suma de sus partes. No se trata solo de componer canciones o tocar en un escenario; es un ecosistema complejo y dinámico que involucra a una amplia gama de profesionales, tecnologías y estrategias. Desde el artista que escribe una canción en su habitación hasta el ingeniero de sonido que perfecciona cada nota, y desde el manager que negocia contratos hasta el diseñador gráfico que crea la portada del álbum, cada eslabón de esta cadena es esencial para llevar la música al público. En este capítulo, exploraremos los componentes clave que conforman la industria musical. Descubrirás cómo los artistas, productores, estudios de grabación, distribuidores, promotores y muchos otros actores trabajan en conjunto para transformar una idea en una canción, y una canción en un éxito global.

NO BUSCAMOS FAMA, SINO JUSTICIA. A CONTINUACIÓN TE DEVELAMOS CÓMO FUNCIONA LA INDUSTRIA MUSICAL.

En un mundo donde la industria musical ocultaba sus secretos tras muros de silencio, nosotros, decidimos alzar la voz y convertirnos en la brújula de quienes navegan a ciegas. Con determinación incansable, desafiamos las estructuras que por décadas habían beneficiado solo a unos pocos.

Nos adentramos en las sombras para exponer las trampas de los contratos que encadenaban a los artistas, desciframos el código oculto de las regalías y desmontamos el engranaje de un sistema diseñado para silenciar a los creadores. No fue un camino de gloria: enfrentamos resistencia, amenazas, veladas y noches sin dormir, analizando cláusulas, libros y testimonios de quienes habían sido víctimas de la maquinaria. Pero nuestro propósito era más fuerte: armar a los artistas con la verdad. A través de entrevistas con leyendas olvidadas, estudios de casos polvorientos y alianzas con rebeldes de la industria, tejimos un manual de supervivencia... porque sabíamos que la música no era un privilegio de élites, sino un derecho de quienes la hacen latir.

Buscando hacer comprensiva y fácil de entender la industria musical, la agrupamos en tres categorías principales. No se trata solo de ordenar roles, sino de ofrecer una brújula para que artistas, productores y soñadores comprendan dónde encajan sus talentos y cómo transformar su pasión en un proyecto sostenible.

1. Creación y Producción Musical

- Artistas (solistas, bandas, compositores).
- Productores musicales.
- Ingenieros de sonido (mezcla, masterización).
- Arreglistas y músicos de sesión.

2. Gestión y Negocios

- Managers.
- Agentes de booking.
- Abogados de entretenimiento.
- Promotores de eventos.

3. Distribución y Promoción

- Distribuidores digitales.
- Especialistas en marketing digital.
- Diseñadores gráficos (portadas, merch).
- Equipos de redes sociales y PR.

Artistas

- Los artistas son el núcleo de la industria musical. Son los creadores de la música y quienes conectan emocionalmente con el público. Sin embargo, ser artista no solo implica crear música, sino también construir una imagen, una marca y una conexión con los fans.
- Tipos de artistas:
    - Solistas, bandas, compositores, productores artísticos, etc.
    - Artistas independientes o firmados.
- Rol en la industria:
    - Crear contenido musical auténtico y relevante.
    - Mantener una presencia activa en redes sociales y plataformas digitales.
    - Participar en giras, eventos y colaboraciones para expandir su alcance.

Si eliges el arte de la música como profesión en cualquiera de sus rubros, asegúrate que en realidad te apasione porque es la única manera de no rendirte, prepárate emocionalmente, porque te espera un camino muy incierto, invierte en ti y en tu salud mental para que tengas unos cimientos sólidos, y cuando llegues a la cima, lo puedas disfrutar.

Alfonso De La Cruz - "Pekas" - Compositor

Productores

Los productores musicales son los arquitectos del sonido. Trabajan junto a los artistas para dar forma a las canciones, desde la composición hasta la grabación y mezcla.

Funciones clave:
- Seleccionar instrumentos, arreglos y efectos sonoros.
- Guiar al artista en la dirección creativa de un proyecto.
- Supervisar la grabación, mezcla y masterización.

Tipos de productores:
- Ejecutivos (gestionan proyectos completos).
- Productores creativos (enfocados en el sonido y la innovación).

Todos los días da gracias por el simple hecho de estar vivo y saludable, cuida de tu cuerpo y de tu mente. A la hora de trabajar en tu proyecto nunca lo hagas esperando que sea un hit, solo disfruta el momento y sin esperar el reconocimiento; trabaja diario, expresa lo que en verdad sientes.

Cozy Cuz - Artista y Productor

Manager

El manager actúa como el "director de orquesta" de la carrera del artista. Negocia contratos, gestiona agenda, organiza giras y conecta al artista con productores y sellos discográficos. La industria no solo son artistas y productores. Incluye managers, agentes, abogados y promotores, todos interdependientes.

- Puente entre el arte y el negocio:
  - Mientras el artista se enfoca en la creación, el manager maneja la logística comercial, asegurando que la música llegue al público y genere ingresos.
  - Ejemplo: En México, Jorge Carlos de la Torre ha sido fundamental en la carrera de artistas como Alejandro Fernández, gestionando su transición de lo tradicional a lo contemporáneo.
- Managers como Simon Fuller (creador de American Idol y exmanager de Spice Girls) han redefinido modelos de negocio y descubierto talentos globales.
- En el ámbito independiente, representantes como Juan Rivera han impulsado carreras dentro del regional mexicano sin depender de grandes sellos.

LA HISTORIA DE OMAR CÁRDENAS Y LA IMPORTANCIA DE HACER EQUIPO

"Que te vaya bien" fue grabada por el grupo "Somos 3." Yo les había entregado a ellos, no directamente a Julión Álvarez. Cuando ya estaba producida, Julión la escuchó y le encantó, así que decidió meterse de lleno y grabarla. Al final, así fue como la interpretó él.

También quiero agradecer a los muchachos de "Somos 3" por dos cosas: primero por haberla versionado, y segundo por haberla cedido después. Fue un gesto importante, por que pensar en todo lo que podría pasar con la canción... Resultó que salio en un momento crucial para la carrera de Julión. Por eso, mi agradecimiento va para los chicos de "Somos 3", y por supuesto para Julión Álvarez.

Agentes (Booking Agents)

Los agentes son intermediarios entre los artistas y los espacios donde se presentan (clubs, teatros, festivales, etc.). Su principal función es conseguir oportunidades para que el artista actúe en vivo y negocia los términos de cada presentación.

Funciones clave:
- Gestionar giras: Organizan fechas, rutas y logística de viaje.
- Negociar contratos: Aseguran pagos justos, rider técnico (equipamiento requerido) y condiciones de hospedaje.
- Construir relaciones: Conectan con promotores, festivales y dueños de venues.

Ejemplos:
- CAA (Creative Artists Agency): Una de las agencias más grandes del mundo, representa a artistas como Billie Eilish y Metallica.
- En México: OCESA Seitrack (maneja carreras de artistas como Zoé y Café Tacvba).

Abogados (Entertainment Lawyers)

Los abogados especializados en entretenimiento protegen los intereses legales del artista. Desde contratos hasta derechos de autor, su labor es evitar conflictos y garantizar que el artista reciba lo que le corresponde.

Funciones clave:
- Revisar contratos: Grabación, distribución, sincronización, patrocinios.
- Proteger derechos de autor: Aseguran que las regalías se paguen correctamente.
- Resolver disputas: Conflictos entre sellos, colaboradores o uso no autorizado de música.

Ejemplos:
- Abogados famosos: Donald Passman (autor de "Todo lo que necesitas saber sobre la industria musical" y asesor de Taylor Swift).
- En México: Santiago Pérez (abogado de Natalia Lafourcade en temas de propiedad intelectual).
- Los Temerarios recuperaron los derechos de su catálogo musical tras una batalla legal con su disquera.

Promotores (Concert Promoters)

Los promotores son los responsables de hacer que los eventos en vivo sucedan. Invierten dinero, organizan la logística y asumen el riesgo financiero de los conciertos.

Funciones clave:
- Financiar eventos: Cubren costos de producción, seguridad y marketing.
- Vender boletos: Trabajan con plataformas como Ticketmaster o Boletia.
- Promocionar el evento: Usan redes sociales, medios tradicionales y alianzas.

Ejemplos:
- Live Nation: La empresa más grande del mundo, detrás de giras de U2 y Bad Bunny.
- En México: OCESA (organiza el Vive Latino y eventos de artistas como Luis Miguel).

El éxito del Corona Capital o el Pa'l Norte depende de promotores que comprenden el mercado.

CONOCER LA INDUSTRIA NO ES PODER, SINO SABER CON QUIÉN CAMINAR EN ELLA. AQUÍ EMPIEZA LA VERDADERA PARTITURA DE TU ÉXITO.

¿Cómo interactúan estos roles?

1. Un agente contacta a un promotor para reservar fechas en un venue.
2. El abogado revisa el contrato del evento para asegurar que el artista reciba un pago justo.
3. El promotor invierte en publicidad y logística, mientras el agente coordina con el manager del artista.

¿Por qué son indispensables?

- **Agentes:** Sin ellos, los artistas perderían oportunidades en festivales como Coachella o Lollapalooza.
- **Abogados:** Su experiencia legal garantiza contratos justos y protección. Aunque no todos los casos son públicos, los abogados han sido clave en muchas historias invisibles, donde artistas recuperan lo que por derecho les pertenece.
- **Promotores:** Sin su inversión, eventos icónicos como el Festival Cervantino (con presencia de música clásica y folklórica) no existirían.

Agentes, abogados y promotores son las piezas invisibles que mantienen en movimiento la industria musical. Mientras el artista se enfoca en crear, ellos construyen puentes.

Estudios de grabación

Los estudios de grabación son espacios equipados con tecnología de alta calidad para capturar y producir música.

- **Equipamiento:**
  - Micrófonos, consolas, software de edición.
- **Proceso:**
  - Grabación de pistas, edición, mezcla y masterización.
- **Tendencias actuales:**
  - Home studios (estudios caseros) gracias a la accesibilidad de la tecnología.
  - Estudios virtuales y colaboraciones en línea.

La música no es para los que buscan fama. Es para los que necesitan decir algo incluso cuando nadie aplaude. Hay caminos que te dan aplausos y otros que te dan legado. Elige con quién haces música... así eliges también tu destino.

Jey El Del Teclado - Productor

Medios gráficos

El diseño gráfico juega un papel crucial en la identidad visual de un artista.

- Aplicaciones:
  - Portadas de álbumes, carteles de conciertos, merchandising y redes.
- Importancia:
  - Una imagen coherente y atractiva ayuda a construir la marca del artista.
  - El diseño gráfico puede influir en la percepción del público y en las ventas.

Distribución

La distribución es el proceso de llevar la música al público a través de diferentes canales.

- Plataformas digitales:
  - Spotify, Apple Music, Amazon Music, etc.
- Distribuidoras:
  - Empresas que se encargan de colocar la música en tiendas físicas y digitales.
- Agregadoras:
  - Servicios que permiten a artistas independientes distribuir su música en plataformas digitales sin necesidad de un sello discográfico.

Promoción y marketing

La promoción es esencial para dar a conocer la música y construir una base de fans.

- Estrategias comunes:
  - Campañas en redes sociales.
  - Publicidad pagada (anuncios en plataformas digitales).
  - Relaciones públicas (entrevistas, apariciones en medios).
- Tendencias actuales:
  - Marketing de influencers y colaboraciones con creadores de contenido.
  - Uso de datos y algoritmos para segmentar audiencias.

Producciones audiovisuales

Los videos musicales y el contenido visual son herramientas clave para promocionar la música.

- Tipos de producciones:
  - Videos musicales, documentales, sesiones en vivo, etc.
  - El contenido visual ayuda a contar historias y reforzar la identidad del artista.

Eventos y conciertos

Los eventos en vivo son una de las principales fuentes de ingresos para los artistas.

- Tipos de eventos:
  - Conciertos, festivales, giras, shows acústicos, etc.
- Organización:
  - Booking agents (encargados de gestionar fechas y lugares).
  - Promotores (encargados de financiar y organizar eventos).
- Plataformas de venta de boletos:
  - Ticketmaster, Eventbrite, etc.

En la industria musical, la identidad es la clave que convierte una carrera en una estrella duradera. Porque estrellas fugaces hay muchas, nacen y desaparecen en un instante; pero solo aquellas que tienen una esencia auténtica logran permanecer y seguir brillando con con el tiempo.

Arturo Valdez "El Pollo"
- Líder De Banda Tierra Sagrada

Ingenieros de sonido

Los ingenieros de sonido son responsables de la calidad técnica de la música.

- Funciones:
  - Grabación, edición, mezcla y masterización de pistas.
  - Ajustar niveles de sonido, ecualización y efectos.
  - Conocimiento técnico de equipos y software.

> **Siempre trabaja con un objetivo y nunca desistas, la perseverancia siempre da más resultado que el mismo talento. En el proceso aprenderás a manejar muchas situaciones y aprenderás como usar las herramientas a tu favor. No busques la recompensa económica, busca representar tu arte por sobre todas las cosas, después de todo si lo haces bien, el dinero y lo material llegará por añadidura.**

Omar Cárdenas - Compositor

Premios y reconocimientos

Los premios son un indicador de éxito y reconocimiento en la industria.

- Premios destacados:
  - Grammy Awards: Los premios más prestigiosos a nivel global, organizados por la Academia de la Grabación de Estados Unidos.
  - Latin Grammy Awards: La versión en español y portugués de los Grammy, enfocada en música latina.
  - Billboard Music Awards: Basados en el rendimiento comercial (ventas, streams y radiodifusión).
  - MTV Video Music Awards (VMA): Premian videos musicales innovadores y populares.
  - Brit Awards (Reino Unido) y Premios Lo Nuestro (Latinoamérica): Reconocen talentos locales con proyección internacional.
  - Premios TVyNovelas (Categoría Musical): Parte de los premios de televisión, incluyen categorías musicales vinculadas a telenovelas y artistas populares.

- Premios Oye!: Fueron los premios más importantes de México hasta su última edición en 2013. Reconocían artistas en pop, rock, regional mexicano y más. Ganadores icónicos: Maná, Julieta Venegas, Café Tacvba.
- Premios Indie-O Music Awards: Premian a artistas independientes y emergentes.
- Premios Bandamax: Especializados en música regional mexicana (banda, norteño, mariachi).
- Premios Juventud: Celebran a artistas jóvenes y populares en la cultura latina, algunos de sus ganadores recientes son Peso Pluma y Grupo Firme.
- Premios Furia Musical: Organizados por la radio mexicana, premian éxitos del regional mexicano.
- Festival Vive Latino: Aunque es un festival, otorga premios simbólicos como "Mejor Actuación" o "Revelación del Año".

Nada se crea desde cero. Todos tomamos referencias, los mejores aprenden de los mejores. Si quieres llegar al top, inspírate en los número uno de lo que sea que estés haciendo.

Alan Jacques - Artista y compositor

¿Cómo aprovechar los premios como artista?

Una nominación o victoria genera titulares, entrevistas y tendencias en plataformas. Cuando Bad Bunny ganó el Grammy Latino en 2022, sus streams en Spotify aumentaron considerablemente en una semana. Te compartimos algunos ejemplos:

- Proyección nacional e internacional: Artistas como Natalia Lafourcade usaron premios como los Grammy Latinos para consolidarse globalmente.
- Plataforma para independientes: Premios como Indie-O ayudan a artistas emergentes a ganar visibilidad.
- Contratos y patrocinios: Un artista premiado atrae marcas.
- Puertas a nuevos mercados: Artistas como Rosalía usaron los Grammy para penetrar en el mercado anglosajón.
- Validan la calidad del trabajo musical.
- Credibilidad: Un premio es un respaldo de expertos de la industria.
- Legado: Artistas como Adele o Metallica han convertido sus premios en parte de su identidad artística.

Los premios son un reflejo del impacto cultural y comercial de un artista, pero no son el único camino al éxito. Para algunos artistas mexicanos, como Natalia Lafourcade, los premios han sido un trampolín: tras ganar múltiples Grammys Latinos y Grammys anglosajones por su álbum "Hasta la Raíz" (2015) y su trabajo en "Un Canto por México" (2020), su carrera alcanzó reconocimiento global, convirtiéndola en un ícono de la música latinoamericana.

Para otros, como Café Tacvba, el éxito se ha construido desde la independencia y la conexión directa con el público. Aunque han ganado premios (como el Latin Grammy en 2004), su legado perdura por su innovación musical y su capacidad para mantenerse relevantes sin depender de validaciones institucionales. Su enfoque en la autenticidad los ha convertido en referentes del rock alternativo en México. En géneros como el regional mexicano, artistas como Chalino Sánchez demostraron que el impacto trasciende los trofeos. A pesar de no recibir premios mainstream en su época, su música narró historias crudas que resonaron con millones, convirtiéndolo en una leyenda póstuma.

Hoy, artistas como Peso Pluma, Kenia Os y Kim Loaiza, siguen este camino: su explosivo éxito en plataformas digitales y su conexión con las nuevas generaciones los catapultaron a la fama internacional, incluso antes de recibir nominaciones destacadas. La clave está en entender el valor estratégico de los premios sin olvidar que lo que perdura es la conexión humana. Mientras Christian Nodal usa sus Premios Lo Nuestro y Billboard para reforzar su posición en la industria, una banda como Molotov ha criticado abiertamente la superficialidad de los galardones, prefiriendo enfocarse en su relación con los fans y su mensaje contestatario.

Te recomendamos:

- Postules tu trabajo: Investiga los requisitos de cada premio y envía tu música a tiempo.
- Networking: Asiste a eventos de la industria donde se deciden las nominaciones.
- Usa las nominaciones en tu marketing: Incluye frases como "Nominado al Grammy Latino" en tus redes y biografía.
- No dependas de ellos, Kanye West ha sido claro. En su discurso en los MTV VMAs 2015,

dijo: "No entiendo los award shows... moriré por el arte, por mis ideas... y el arte no siempre será amable."

La industria musical, con sus engranajes y voces múltiples, no es un monstruo indomable, sino un ecosistema que late al ritmo de la colaboración. A través de este capítulo, hemos desentrañado su esencia en tres ejes irrenunciables: la creación (donde nace la magia), la gestión (que protege y proyecta el talento) y la distribución (que lleva la música a los oídos del mundo). Cada rol, desde el productor en la sombra hasta el promotor que enciende los escenarios, es un hilo en el tejido de este universo.

Entender esta estructura no es solo un ejercicio intelectual, sino un acto de poder. Saber que detrás de cada canción hay abogados defendiendo derechos, managers tejiendo estrategias, y algoritmos que pueden ser domados, transforma el miedo en fuelle para la acción. La industria no es un laberinto para unos pocos: es un campo de juego donde, con las reglas claras y aliados estratégicos, hasta el artista más independiente puede escribir su propia leyenda.

LA INDUSTRIA MUSICAL SON TRES PILARES:

CREAR (ARTE)

GESTIONAR (NEGOCIO)

DISTRIBUIR (AUDIENCIA)

Dominaré los tres, y mi música será imparable.

03

¿PORQUÉ NO PUEDO SOLO?

Si en el Capítulo 2 desentrañamos el mapa de la industria musical —sus actores, roles y mecanismos—, ahora, en el Capítulo 3, nos adentramos en el arte de navegarlo.

En la música, como en la vida, nadie llega lejos completamente solo. Detrás de cada rockstar, cada canción que rompe récords y cada gira que agota entradas, hay un equipo de profesionales que convierte el caos en sinfonía. Este capítulo no es una admisión de debilidad, sino un reconocimiento a la inteligencia colectiva que transforma el talento en legado. Como dice Robert: "Un artista sin equipo es como una guitarra sin cuerdas: tiene forma, pero no voz".

¿Por qué no puedes hacerlo solo?

1. **La complejidad de la industria:**
   - La música no es solo crear, es negociar contratos, entender algoritmos, diseñar estrategias y proteger derechos. Un artista que intenta abarcarlo todo termina agotado o, peor, explotado. Carlos Sarabia ha demostrado que el talento necesita respaldo. A lo largo de su carrera como solista, ha apostado por equipos que entienden su visión y lo han acompañado en decisiones clave.

2. **El tiempo no es infinito:**
   - Mientras tú escribes canciones, ¿Quién gestiona tus redes sociales? ¿Quién negocia con las disqueras?
   - Earving lo resume así: "Si quieres ser artista, dedícate a serlo. Deja el resto a quienes saben hacerlo".

La creación y la constancia es la base del éxito, por todos lados está lleno de baches, lo importante es aprender de ellos y levantarte más fuerte. La industria musical es un negocio difícil, lleno de competencia, es el arte de disfrutar y vivir cada emoción, de crear tu propio estilo, que la esencia sea única y no hay ningún secreto. La base del éxito es pegarle a un buen tema, la ultima palabra la tiene el público, me llena de orgullo llegar a un lugar y que la gente ya cante las canciones de mi banda, es algo que no se puede explicar, se me enchina la piel, eso es lo que nos hace seguir adelante.

Roberto López - Líder de Banda Todo Terreno

¿Cómo armar tu equipo ideal?

1. Empieza pequeño, pero estratégico:
   - No necesitas un ejército. Con un productor de confianza y un manager con visión, puedes escalar. Robert aconseja: "Busca a quien crea en tu proyecto más que en tu fama".
2. Equilibra experiencia y pasión:
   - Un ingeniero de sonido veterano puede pulir tu música, pero un community manager joven entenderá las tendencias de TikTok.
3. Evita los parásitos y sabelotodos:
   - Earving es claro: "Si alguien solo habla de dinero y no de tu visión, corre".
   - Señales de alarma: Promesas de éxito rápido, contratos confusos.

Incursionar en la música, es alimentarse de sueños y sobrevivir con aire, es buscar los contactos que necesitas y que aparezcan cuando ya no los ocupas, es dar un siguiente paso dónde tienes todo el pastel y hay que repartirlo, es un día estar en la gloria y otro día estar envuelto en el silencio, es tener tiempo para crear, innovar, dudar, grabar y plasmar esperando que una canción de 3 minutos se convierta en algo eterno. Sin duda alguna vivir para la música, es vivir para hacer historia, y si no es para eso, mejor dedícate a otra cosa.

Ángel García - Líder de Anggar Music

Cómo estructurar tu equipo según tus necesidades actuales

La estructura depende de tu etapa:
- Fase 1 (Semilla):
  - Roles básicos: Productor + Manager.
  - Objetivo: Crear un catálogo sólido y ganar audiencia local.
- Fase 2 (Despegue):
  - Roles añadidos: Abogado + Community Manager.
  - Objetivo: Proteger derechos y escalar en plataformas digitales.
- Fase 3 (Expansión):
  - Roles clave: Booking Agent + Promotor + Diseñador gráfico.
  - Objetivo: Giras nacionales/internacionales y branding profesional.

Natalia Lafourcade pasó de un equipo íntimo en "Hasta la Raíz" a un equipo global para "Un Canto por México", incluyendo expertos en logística de giras y alianzas culturales.

Cómo evolucionar tu equipo sin perder el rumbo

1. Escucha señales de crecimiento:
   - ¿Las redes sociales consumen tu tiempo? Contrata un social media manager.
   - ¿Recibes ofertas de giras? Suma un agente de booking.
2. Mantén la flexibilidad:
   - No temas reemplazar roles que ya no aportan. Como advierte Earving: "Un equipo que no crece contigo, te frena".
3. Invierte en formación:
   - Capacita a tu equipo en nuevas herramientas (TikTok para promoción, blockchain para derechos de autor).

No escuches consejos ni críticas de alguien que no ha construido nada. La humildad es la llave que abre todas las puertas y no confundas humildad con ser pendejo.

Toño Lizárraga - Artista

La importancia de la actitud

1. Resiliencia:
   - ¿Cómo reaccionan cuando un festival se cancela horas antes o cuando una canción flojea en streaming?
   - Ejemplo: Cuando Zoé perdió su equipaje en una gira europea, su equipo trabajó 72 horas seguidas para alquilar instrumentos y salvar el show.
2. Empatía:
   - ¿Entienden que tu música es una extensión de tu alma, o solo ven "contenido para vender"?
   - Caso real: El manager de Mon Laferte apoyó su cambio de pop comercial a rock indie, arriesgando ganancias a corto plazo por coherencia artística.
3. Curiosidad:
   - ¿Se adaptan a TikTok, exploran NFTs para merch, o estudian cómo funcionan los derechos en el metaverso?
   - Ejemplo: El equipo de Bad Bunny fue pionero en usar Telegram para conectar con fans, rompiendo moldes tradicionales.

LA INDUSTRIA ES UN NEGOCIO Y SIEMPRE TIENE LOS OJOS EN AQUELLO QUE ES MÁS LUCRATIVO.
- Will Soto

¿Cómo detectar actitudes tóxicas?

- El "esto siempre se ha hecho así": En una industria que cambia cada 6 meses, el conformismo es un cáncer.
- El "yo primero": Si alguien prioriza su comisión sobre tu visión, es una bandera roja.
- El fantasma del burnout: Un equipo que no sabe celebrar pequeños logros termina agotado.

Actitud y visión a largo plazo

La actitud no es solo para sobrevivir hoy, sino para construir un legado. Un equipo con mentalidad de largo plazo:

- Rechaza contratos lucrativos que dañen tu imagen (un sponsor de alcohol para un artista familiar).
- Invierte tiempo en proyectos que no dan dinero inmediato, pero siembran futuro (talleres en comunidades).
- Celebra hitos no monetarios: tu primer fan que se tatúa tu logo, una canción usada en una protesta social.

UN EQUIPO CON ACTITUD

VE TU CARRERA COMO UN ÁLBUM CONCEPTUAL, NO COMO UN SENCILLO VIRAL.

Ser independiente no significa trabajar solo, sino elegir con quién colaborar. Artistas como Café Tacvba o Mon Laferte mantienen el control creativo gracias a equipos que respetan su autonomía.

La industria musical es una selva, pero no tienes que explorarla sin brújula. Un equipo sólido es tu mejor inversión: te permite enfocarte en lo que amas (crear) mientras otros protegen, proyectan y potencian tu arte. Como resume Robert: "El éxito no se mide por cuánto haces solo, sino por cuánto logras con quienes te acompañan".

Ahora es tu turno:
1. Si ya tienes un equipo, valóralo.
2. Si no lo tienes, empieza hoy.
3. Y si dudas, recuerda: hasta los Beatles necesitaron un George Martin.

Plebada, primero que nada hay que darle gracias a Dios por la vida y la salud. Lo demás, depende de nosotros. Si quieren dedicarse a este rollo de la música, mi consejo es claro: denle todos los días, sin excusas. La perseverancia y la disciplina llevan al talento de la mano, y muchas veces lo superan. No se rajen, aunque el camino se vea largo o difícil. Recuerden siempre esto: estamos a una sola rola de que todo cambie.

Angel Sandoval - Compositor

Puedes contratar al mejor productor del mundo, pero si no comparte tu pasión, será solo un empleado bien pagado. La actitud es lo que convierte a un equipo en una familia creativa, capaz de transformar crisis en leyendas y sueños en realidad. Al final, como prueba la historia de bandas como Café Tacvba o solistas como Natalia Lafourcade, no son los presupuestos millonarios los que escriben el éxito, sino las personas que, contra todo pronóstico, deciden creer.

Tu checklist de actitud:
- ¿Mi equipo celebra mis victorias como propias?
- ¿Aprenden de los fracasos sin culpar a otros?
- ¿Hablan de "nosotros" más que de "yo"?

Nadie se acuerda del nombre del segundo lugar, trabaja para ser el número 1 y recuerda que ganar no lo es todo, es lo único.

Esau Ortiz - Artista y Compositor

LA MÚSICA AL FINAL, ES UN DEPORTE EN EQUIPO.

04

TU IDENTIDAD

En un mundo donde las tendencias pasan y los algoritmos dictan éxitos efímeros, hay algo que trasciende: **tu identidad.** Esta no es solo tu firma sonora o tu imagen en un cartel; es el alma que convierte canciones en conexiones y artistas en leyendas. Como un espejo, la música refleja quién eres, pero también, como un faro, guía a tu audiencia hacia tu verdad más profunda.

Robert lo dice claro: "Cada nota que escribes, cada historia que cantas, construye un puente entre tu realidad y la del público. Si ese puente no es auténtico, se derrumba". Mientras, Earving añade: "En una industria saturada de voces, tu identidad es lo único que te hace irrepetible. No es un disfraz, es tu piel artística".

Este capítulo es un viaje para descubrir cómo equilibrar la autenticidad con las demandas del espectáculo, cómo moldear un alter ego sin perder tu esencia, y por qué coherencia no significa repetir, sino evolucionar sin traicionar tus raíces. Desde los relatos crudos de Chalino Sánchez hasta la reinvención constante de Café Tacvba, explorarás cómo los grandes han convertido su identidad en un legado imborrable.

EL LEGADO DEL ARTISTA NO SE MIDE EN STREAMS; SINO, EN LAS HUELLAS QUE DEJAS CON TU IDENTIDAD.

Tu mayor activo es tu identidad:

Porque es el único elemento que te convierte en irrepetible en un océano de artistas. La industria musical está saturada de talento, pero lo que perdura no es la habilidad técnica, sino la capacidad de conectar emocionalmente con el público. Tu identidad es la brújula que guía cada decisión artística, desde las letras hasta la estética, y es lo que te permite dejar una huella imborrable más allá de los éxitos fugaces.

1. Diferenciación en un mercado saturado:
   - En un mundo donde millones de canciones se suben diariamente a plataformas, tu identidad es lo que te hace destacar.
2. Conexión emocional con el público:
   - La gente no se enamora de canciones, sino de historias y personas. Artistas como José José o Vicente Fernández construyeron legados porque sus letras reflejaban sus raíces y luchas.
3. Legado vs. éxito efímero:
   - Los streams y viralidad son temporales; la identidad trasciende generaciones. Bob Marley no es recordado por sus ventas, sino por ser la voz de la resistencia.

Componentes de una identidad musical sólida:

En el universo de la música, construir una identidad sólida es como tejer un tapiz con hilos de autenticidad, coherencia y evolución. No se trata solo de qué dices, sino de cómo lo dices, cómo te muestras y cómo creces sin perder tu esencia.

1. Narrativa personal:
   - ¿Qué historia cuentas? Bad Bunny usa su música para desafiar normas de género y hablar de política, convirtiéndose en un símbolo cultural.
2. Coherencia visual y sonora:
   - Desde el diseño de portadas hasta el vestuario en conciertos (Lady Gaga y su estética avant-garde).
3. Autenticidad + adaptabilidad:
   - Mantén tu esencia, pero evoluciona tal y como lo ha hecho Shakira sin perder su ADN social.

La magia de la música está en la intuición. A nadie le importas. Sé tu mismo y sigue trabajando.

Hozay - Productor Musical e Ingeniero

Autenticidad: Más allá de las tendencias

La autenticidad no es solo "ser tú mismo": es la coherencia entre lo que eres, lo que creas y lo que transmites. Mientras las tendencias son efímeras (hoy el reguetón, mañana el hyperpop), la autenticidad es la raíz que sostiene tu arte ante cualquier moda.

Seguir tendencias sin filtro es una trampa silenciosa: primero, te vuelven prescindible, porque si tu sonido es un calco de lo que ya existe, eres intercambiable. En los 2000, decenas de bandas de pop punk imitaron a Green Day, pero pocas sobrevivieron, porque el público busca originalidad, no réplicas. Segundo, desgastan tu conexión emocional; la audiencia detecta cuando imitas por obligación, no por pasión.
Karol G ha señalado en entrevistas que la conexión con el público nace de ser genuina, no de seguir fórmulas.

Finalmente, te alejan de tu legado. Artistas como Los Tucanes de Tijuana perduran décadas no por perseguir modas, sino por narrar historias auténticas del norte de México, donde cada canción es un espejo de su realidad.

¿Cómo ser auténtico sin aislarte?

- Bad Bunny usa el trap y el reguetón, pero inserta letras feministas y críticas políticas que reflejan sus valores.
- Rosalía tomó el flamenco, un género tradicional, y lo fusionó con electrónica, creando un lenguaje único.

El "test de los 3 porqués":

- Antes de adoptar una tendencia, pregúntate:
    - ¿Por qué esto resuena conmigo?
    - ¿Por qué mi audiencia lo disfrutaría?
    - ¿Por qué esto aporta a mi identidad?
    - Si no hay respuestas claras, es una distracción.

Crea tu propio manual de estilo:

- Lista de no negociables: ¿Qué jamás cambiarías? (Vicente Fernández se mantuvo fiel al género ranchero).
- Zonas de experimentación: ¿En qué aspectos puedes innovar? (C. Tangana mezcla bolero con hip-hop, pero mantiene letras poéticas).

FÓRMULA:

TU VOZ
+
IDENTIDAD
+
TENDENCIA
=
INNOVACIÓN.

Tu identidad y la conexión con tu público:

Tu identidad puede convertirse en el puente de conexión invisible que transforma a un oyente ocasional en un fan devoto. Por medio de la conexión emocional puedes hacer que tu audiencia sienta que tus canciones hablan por ellos y para ellos.

Los fans que se conectan emocionalmente contigo te seguirán, incluso cuando los algoritmos no te favorezcan. Un ejemplo es **Christian Nodal**, quien logró llenar el Auditorio Nacional sin depender de una extensa campaña publicitaria, porque su música se ha convertido en un refugio para aquellos que buscan raíces y nostalgia. Por otro lado, las canciones que logran tocar fibras íntimas perduran a lo largo de las décadas. **Juan Gabriel** se consolidó como un ícono, ya que sus letras hablan de amor, dolor y fiesta, tocando emociones universales que trascienden el tiempo. En un entorno donde muchos compiten por la viralidad, tú te destacas por la profundidad, aunque **Mon Laferte** no sea la artista con más streams, sus fans la defienden como si fuera parte de su familia.

Te proponemos el siguiente test para mejorar tu identidad:

1. ¿Alguna vez has modificado tu estilo musical o imagen para encajar en una tendencia?
2. Nombra a tus 3 mayores influencias. Ahora, describe 3 elementos que te hacen diferente a ellos.
3. ¿Compartes historias personales en tu música? Si no, ¿qué te detiene?
4. Si un fan ve tu perfil de Instagram, tu último video y tu merch, ¿podría describir tu identidad en una frase?
5. ¿Tienes un personaje escénico? Si sí, ¿qué aspectos de tu personalidad real amplifica?
6. ¿Qué emoción quieres que sienta tu público al escucharte? ¿Alegría desenfrenada, nostalgia, rebeldía?
7. ¿Cómo quieres que te recuerden en 20 años? ¿Como un artista viral o como un referente cultural?
8. ¿Has experimentado con nuevos géneros? Si no, ¿qué miedo te detiene?
9. ¿Qué causa social, filosofía o mensaje defenderías incluso si pierdes seguidores?
10. ¿Qué aspecto de tu identidad actual te avergüenza o sientes que es falso?

NUNCA TENGAS
MIEDO
NI VIVAS SUEÑOS
AJENOS.
- Arturo Valdez "El Pollo"

Clave de respuestas:

- 8-10 respuestas claras: Tu identidad es sólida. ¡Sé fiel a ella y evoluciona sin miedo!
- 5-7 respuestas difusas: Tienes potencial, pero necesitas definir límites. Revisa nuevamente el Capítulo 4.
- 0-4 respuestas vagas: Estás perdido en las tendencias. Busca un mentor.

El sueño no está barato, el sueño es caro y más en esto de la música se ocupa trabajar mucho, soñar mucho, creer mucho en ti, pero sobretodo hacer las cosas de corazón porque solo así las vas a poder transmitir, nunca vayas a perder la Fe, como dijo Napoleón Bonaparte para mí "más valdría no haber nacido que vivir sin dejar huella" y más si sueñas, vives y respiras música como yo.

Blas Murrieta - Compositor

La identidad de un artista no es un disfraz que se usa para el escenario, ni un guion prestado de las tendencias del momento. Es el corazón latente de tu música, el reflejo de tus raíces, tus batallas y tu verdad más cruda. A lo largo de este capítulo, descubrimos que ser auténtico no significa ignorar las modas, sino filtrarlas a través de tu esencia, como hizo Bad Bunny al convertir el trap en un megáfono para la justicia social, o Café Tacvba al reinventar el rock sin abandonar su voz crítica.

La clave está en el equilibrio:

- Tu alter ego no es una máscara, sino una extensión estratégica de quién eres. Como Chalino Sánchez, cuyo personaje narraba historias reales, tu personaje debe ser un puente, no una jaula.
- La coherencia no es monotonía, sino un hilo conductor que une tu música, tu imagen y tus acciones. Piensa en Rosalía: cada video, cada outfit, es un capítulo de un mismo libro.
- La evolución no es traición, siempre que mantengas tu ADN. Natalia Lafourcade lo demostró al pasar del pop al folclor, sin perder su alma poética.

El éxito se mide en streams, pero el legado se mide en huellas: esas que dejas cuando un fan encuentra consuelo en tus letras, cuando una generación se identifica con tu lucha, o cuando tu música se convierte en el himno silencioso de causas mayores.

Como dijo Robert: "No eres un algoritmo, eres un arquitecto de emociones". Y Earving añade: "La industria puede copiar tu sonido, pero jamás tu esencia".

Al cerrar este capítulo, recuerda: tu identidad es tu brújula en un mar de ruido. Cultívala, protégela y, sobre todo, atrévete a vivirla sin disculpas. Porque el mundo no necesita otro artista... necesita tu voz.

AHORA SAL AL MUNDO SÉ IMPARABLE PERO SOBRE TODO SÉ TÚ

05

REGISTRA TU ROLA PORQUE TE LA ROBAN

La música es tu legado, pero sin registro legal, es un tesoro sin candado. Bellakath aprendió esto de la manera más dura: tras viralizar una canción en redes, fue acusada de plagio por una agrupación que señaló similitudes con una obra previa. Por su parte, Horacio Palencia, autor de éxitos como "Mi Razón de Ser" y "Hermosa Experiencia", ha enfrentado batallas legales por defender su derecho como creador. Si ellos, con trayectoria, enfrentan estos riesgos, ¿qué pasa con los artistas independientes? Este capítulo no es una sugerencia, es una advertencia necesaria.

Casos reales que debes conocer:

1. Bellakath: El costo de una acusación pública

Contexto: Bellakath, una cantante emergente, vivió un episodio mediático importante cuando su canción "Gatita" se viralizó y enfrentó una acusación de plagio por supuestas similitudes con una obra previa.

El problema: A raíz de esta denuncia, "Gatita" fue retirada temporalmente de plataformas digitales. Aunque Bellakath aseguró tener el registro legal correspondiente ante INDAUTOR, el caso generó controversia en redes sociales y afectó la difusión de su obra.

Consecuencias:
- Suspensión temporal de la canción: La pieza fue retirada de plataformas como Spotify y YouTube mientras se aclaraba la situación.
- Afectación a la explotación comercial: La pausa en la disponibilidad del tema generó pérdida de visibilidad y, probablemente, de ingresos durante ese tiempo.
- Impacto emocional: Como suele ocurrir en casos de alta exposición pública, Bellakath enfrentó críticas y presión mediática.

2. Horacio Palencia: Lecciones de un clásico

Contexto: Horacio Palencia compuso "Mi Razón de Ser" para Banda MS en 2012, pero aunque lo registró, un tercero reclamó antes haber registrado la obra en 2014 ante INDAUTOR.

El problema: Se le acusó de plagio desde 2016 y fue vinculado a proceso penal en 2022, enfrentando multas millonarias y restricciones judiciales.

Consecuencias: Durante casi un año la canción fue retirada de difusión; tuvo que presentar firma periódica, no pudo salir del país y soportó presión legal y emocional.

Lección aprendida: Tras ganar el litigio en febrero de 2023, el compositor ha compartido que esta experiencia le dejó una valiosa lección sobre la importancia de registrar todas sus obras, incluso los demos, desde el inicio ante INDAUTOR, SACM y BMI como protección legal efectiva.

Consecuencias comunes de no registrar tu música

1. Pérdida de regalías:
- Sin un registro formal, es muy difícil demostrar legalmente que eres el autor legítimo de tu obra ante plataformas como Spotify o Apple Music.
- Esto puede impedirte recibir las regalías correspondientes si alguien más la registra primero o la utiliza sin autorización.

2. Costos legales:
- Aunque registrar tu obra en INDAUTOR es económico y preventivo, no hacerlo puede derivar en procesos legales costosos si surge una disputa.
- En México, los honorarios legales en este tipo de casos pueden superar los $100,000 MXN, dependiendo de la complejidad del conflicto y la duración del juicio.

3. Daño reputacional:
- En disputas públicas por autoría, incluso si al final se reconoce tu derecho, puedes enfrentar críticas en redes sociales, dudas por parte del público y una afectación temporal a tu imagen. Esto puede impactar tu relación con fans, marcas o colaboradores.

La trampa de la informalidad

Muchos artistas piensan: "Mi música no es popular, ¿para qué registrarla?". Pero en la era digital, cualquier tema puede volverse viral en horas. Sin registro:

- No tienes herramientas para reclamar regalías de sincronización (películas, videojuegos).
- Plataformas como TikTok o Instagram no te protegerán si alguien usa tu canción sin créditos.
- Dato alarmante: según informes de organismos internacionales, una proporción relevante de creaciones virales enfrenta algún tipo de disputa.

Los casos de Bellakath y Horacio Palencia no son excepciones: son advertencias. Registrar tu música es más que un trámite; es un acto de respeto hacia tu arte y tu futuro. Más vale tener un título de propiedad que confiar en la buena fe de desconocidos.

TU MÚSICA ES TU HIJO: PROTÉGELA DESDE SU PRIMER LLANTO.

Derecho de autor vs. distribución: ¿Qué protege cada cosa?

Derecho de autor (INDAUTOR):

- El trámite ante INDAUTOR otorga presunción legal de autoría y fecha de creación, lo cual es clave como evidencia en caso de litigios.
- El costo del registro varía, pero generalmente es accesible, si se realiza directamente, aunque los servicios privados de gestoría pueden elevarlo. Para registrar se requiere: una copia de la obra (letra, partitura o archivo sonoro), identificación oficial y el formulario correspondiente.

Sociedades de gestión colectiva (SACM, ASCAP, BMI):

- Estas entidades no registran autoría, pero permiten cobrar regalías por el uso público de tus obras (radio, televisión, bares, streaming, sincronización en medios). En México, SACM es la principal sociedad encargada de gestionar estos derechos.
- El costo de afiliación es moderado, y en algunos países como EE.UU., ASCAP y BMI ofrecen opciones gratuitas o con tarifas muy bajas.

Derecho de autor vs. distribución: ¿Qué cubre cada uno?

Aspecto	Derecho de Autor (INDAUTOR)	Distribución Digital (Spotify, TikTok, etc.)
¿Qué protege o habilita?	Reconoce legalmente tu autoría sobre una obra.	Te permite publicar tu música y generar ingresos por reproducciones.
Base legal	Sí, sirve como prueba en caso de litigio o plagio.	No te reconoce como autor legal, solo como usuario/distribuidor.
¿Requiere intermediarios?	No. Puedes hacerlo tú mismo directamente ante INDAUTOR.	Sí. Necesitas agregadores como DistroKid, TuneCore, CD Baby, etc.
Consecuencia de omitirlo	No puedes reclamar legalmente si alguien usa tu obra sin permiso.	No podrás monetizar ni publicar tu música en plataformas digitales.
Comentario final	**Protege tu autoría y evita plagios.**	**Permite difundir y generar ingresos con tu música.**

Paciencia, perseverancia, un poco de talento y un toque de fe son los ingredientes principales para llegar al objetivo, el terco si no encuentra la llave tumba la puerta, al final de la vida haz lo que te haga feliz y te apasione pero hazlo.

Roy Cruz - Compositor

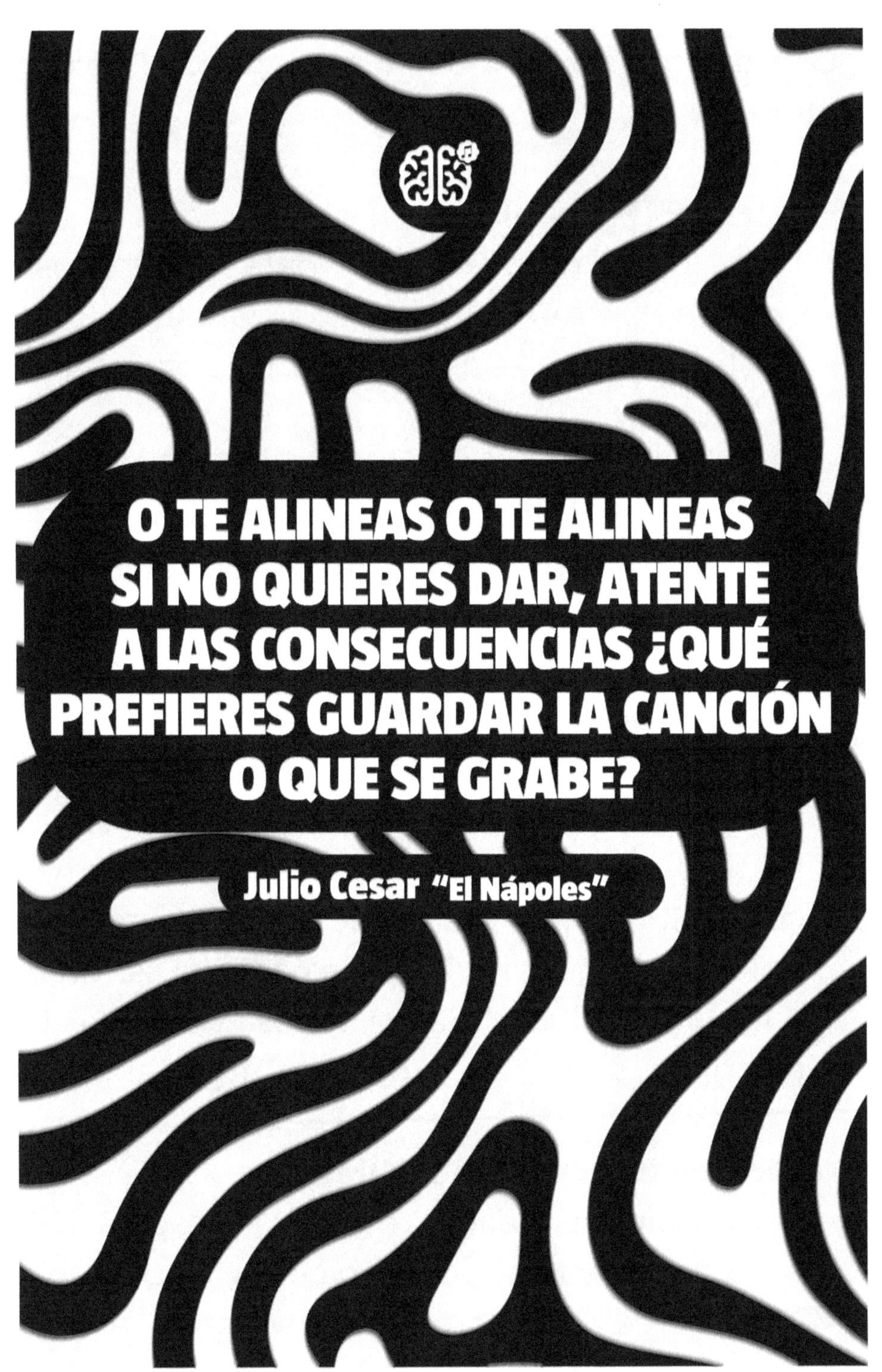

O TE ALINEAS O TE ALINEAS
SI NO QUIERES DAR, ATENTE
A LAS CONSECUENCIAS ¿QUÉ
PREFIERES GUARDAR LA CANCIÓN
O QUE SE GRABE?

Julio Cesar "El Nápoles"

¿Cómo registrar tu música en 4 pasos (México y global)?

INDAUTOR (México):

- Llena el formato RPDA-01 para obras musicales (o RPDA-01-A1 si hay coautores).
- Realiza el trámite en línea o en las oficinas de INDAUTOR.
- El costo estimado por obra es de $353 MXN.

SACM (Sociedad de Autores y Compositores):

- Una vez registrada tu obra, puedes afiliarte a la SACM para recibir regalías por ejecuciones públicas como radio, conciertos, televisión o sincronización.
- La cuota inicial suele ser accesible.

Plataformas digitales (DistroKid, TuneCore):

- Para distribuir tu música en plataformas como Spotify, Apple Music o TikTok, puedes utilizar agregadores digitales como DistroKid, TuneCore o CD Baby. Estos servicios te permiten subir tus canciones a plataformas globales

Protección internacional (OMPI):

- El Tratado de Beijing, en vigor desde 2020, otorga derechos económicos y morales a intérpretes de obras audiovisuales, como actores y cantantes en películas o videoclips.

Redes sociales: ¿Subir canciones sin registro es seguro?

No. Aunque plataformas como Instagram o TikTok permiten subir música, sin registro:

- No puedes reclamar ingresos si alguien usa tu canción en un viral.
- Si otro artista registra tu tema, tú serás marcado como infractor.

Caso práctico:

Un artista independiente subió un hit a TikTok sin registrarlo. Una disquera lo tomó, lo registró, y él perdió el 100% de los royalties.

¿Prefieres gastar 500MXN en registro o 50,000 USD en abogados después?

- Registrarla en una institución oficial (como el INDAUTOR en México o entidades similares en otros países) es una inversión mínima en comparación con los costos que implicaría enfrentarse a problemas legales más adelante.
- Si no registras tu trabajo, podrías perder los derechos sobre él o enfrentar disputas legales costosas si alguien más lo reclama.

EL ARTE NO REGISTRADO ES COMO UN DIAMANTE TIRADO EN LA CALLE: ALGUIEN MÁS LO TOMARÁ Y TÚ TE QUEDARÁS SIN NADA.

Checklist de supervivencia legal:

TEMA	DETALLE
Registra todas tus canciones en INDAUTOR	No te olvides de registrar tus letras, melodías, arreglos y cualquier otra composición original. Si trabajas con colaboradores, asegúrate de que ellos también firmen acuerdos de coautoría.
Afíliate a SACM o una sociedad de gestión colectiva	Las sociedades de gestión colectiva, como SACM en México, ayudan a recaudar y distribuir los derechos de autor generados por el uso de tu música (en radio, televisión, conciertos, plataformas digitales, etc.).
Usa distribuidores digitales que registren tus obras globalmente	Plataformas como TuneCore, CD Baby o DistroKid no solo distribuyen tu música a plataformas de streaming, sino que también registran tu obra para que puedas recibir regalías de manera internacional.
Educa a tu equipo (productor, manager) sobre la importancia	Asegúrate de que cualquier productor, manager o colaborador firme acuerdos que protejan tus derechos y clarifiquen la propiedad de las canciones.
Firma contratos claros con colaboradores	Si trabajas con otros músicos, productores, letristas o arreglistas, es crucial firmar contratos que aclaren la propiedad de las canciones y cómo se dividirán las regalías.
Protege tu imagen y marca personal	Registra tu nombre y logotipo como marca para evitar que otros los usen sin tu permiso.
Haz un seguimiento de tus ingresos por regalías	Usa herramientas o apps que te ayuden a hacer seguimiento de los ingresos provenientes de las plataformas digitales y asegúrate de que no haya faltantes.
Estudia y comprende los contratos discográficos y editoriales	Si no tienes experiencia en la lectura de contratos, busca asesoramiento legal para asegurarte de que no te estás comprometiendo a términos desfavorables.
Mantén una copia de seguridad de todo tu trabajo creativo	Guarda copias de seguridad de todo en dispositivos externos o en la nube para evitar perder material importante por fallos técnicos.
Monitorea el uso de tu música en plataformas no autorizadas	Usa herramientas como YouTube Content ID o servicios de monitoreo de derechos para detectar usos ilegales de tus canciones.

Registra hoy, duerme tranquilo mañana

El registro no es un trámite burocrático: es el seguro de vida de tu carrera. Como dice el refrán: "Más vale cantar con derechos que llorar por regalías". Bellakath y Horacio Palencia te lo advierten: sin registro, tu música es un castillo de arena. Con él, es un legado indestructible.

Registrar tu música no es solo evitar problemas legales; es reclamar tu lugar en la historia. Cada canción que escribes es un pedazo de tu legado, y sin registro, ese legado puede borrarse con un clic. Las consecuencias son claras:

Acciones inmediatas:
1. Registra TODAS tus canciones en INDAUTOR (aunque sean demos).
2. Afíliate a SACM, PRO o una sociedad de gestión.
3. Usa distribuidores digitales que registren tus obras globalmente.

06

¿DISTRIBUCIÓN INDEPENDIENTE O DISQUERA?

En la era digital, la disyuntiva entre ser independiente o firmar con una disquera ya no es una elección binaria, sino un espectro de posibilidades. Bad Bunny, por ejemplo, comenzó como independiente en SoundCloud y hoy colabora con sellos sin perder su voz. Natalia Lafourcade, tras años en disqueras, recuperó su independencia para explorar proyectos culturales. Este capítulo no es para decirte qué elegir, sino para ayudarte a responder: ¿Qué camino se alinea con tus metas, recursos y tolerancia al riesgo?

La distribución independiente:

No es solo subir música a Spotify por tu cuenta. Es un ecosistema de decisiones: desde elegir distribuidores digitales hasta gestionar tu marca, finanzas y equipo.

Ventajas clave:
- Control total: Decides qué música lanzar.
- Regalías completas: A diferencia de algunas disqueras, donde solo conservas entre el 10% y el 30% de los ingresos, aquí mantienes entre el 80% y el 100% de las regalías generadas por tu música.
- Flexibilidad creativa: Puedes fusionar géneros, lanzar proyectos conceptuales o experimentales sin presión comercial.
- Conexión directa con fans: Plataformas como Patreon o Bandcamp te permiten monetizar sin intermediarios.

Desafíos:
- Recursos limitados: Sin el respaldo de una disquera, inviertes tu tiempo y dinero en marketing, producción y logística.
- Saturación: Compites con 100,000 canciones nuevas diarias en Spotify.

- Presión multitarea: Eres artista, manager, community manager y contador, etc.

Herramientas para independientes:

- Distribución digital: DistroKid, TuneCore, CD Baby (registran tu música en plataformas y gestionan regalías).
- Marketing DIY: Facebook Ads, Instagram Reels, colaboraciones con microinfluencers.
- Financiamiento: Crowdfunding (Kickstarter), venta de merch personalizado, sincronizaciones en medios.

No todo lo que suena funciona, pero todo lo que conecta trasciende. Ahí está la diferencia entre promoción y legado.

Carlos Chollet - Especialista en Marketing Musical

Firmar con una disquera:

No son solo "empresas que te hacen famoso". Son socios estratégicos (o deberían serlo) que invierten en ti a cambio de control y ganancias.

Ventajas clave:
- Presupuesto avanzado: Financian grabaciones, videos, giras y campañas de marketing (Eden Muñoz con Sony Music).
- Conexiones industriales: Acceso a productores top, playlists curadas, medios tradicionales (TV, radio) y festivales.
- Estructura profesional: Equipos legales, de promoción y logística que alivian tu carga.

Desventajas:
- Pérdida de control: La disquera decide qué canciones lanzar, cuándo y cómo. Si tu éxito depende de TikTok, podrían pedirte un álbum de reguetón, aunque ames el jazz.
- Contratos leoninos:
  - 360 deals: La disquera toma porcentaje de TODO (conciertos, merch, patrocinios).
  - Cláusulas de exclusividad: No puedes lanzar música por fuera del sello.
  - Derechos perpetuos en muchos casos.

- Deudas ocultas: Los adelantos (dinero anticipado) son préstamos recuperables.

Si tu álbum fracasa, podrías quedar endeudado.

Ejemplos:

- Éxito con cautela: Karol G firmó con Universal, pero negoció cláusulas que le permiten co-producir sus álbumes.
- Fracaso evitable: Muchos artistas que firman contratos 360 terminan compartiendo gran parte de sus ingresos totales, incluidos merchandising y conciertos, lo que puede afectar su libertad financiera.

Dedicación, disciplina, pasión, perseverancia, amor y fe, son elementos básicos para lograr tus objetivos, mas el granito de suerte, ese factor sólo te llegará trabajando cuando apliques todos los elementos, muy importante es competir contigo mismo y no contra los demás, sino vas a ser infeliz al no darte cuenta de tu propio avance y de tus logros por pequeños que sean, los tiempos del éxito de cada persona son distintos pero el reloj de Dios es perfecto. Hay 3 frases que me han marcado y que tuve la oportunidad de plasmar en canciones.

El Nápoles - Artista y Compositor

SI FIRMAS, LEE COMO SI TU VIDA DEPENDIERA DE ELLO. SI ERES INDEPENDIENTE, TRABAJA COMO SI NADIE MÁS LO HICIERA POR TI.

¿Cómo decidir?

Paso 1: Autoevaluación (¿Dónde estás?)

1. Recursos económicos: ¿Puedes invertir 20,000–50,000 MXN en producción, videos y marketing?
1. Red de contactos: ¿Tienes un productor, manager o abogado de confianza?
2. Tolerancia al riesgo: ¿Prefieres ganar poco con libertad o mucho con restricciones?
3. Meta a 5 años: ¿Quieres ser un artista mainstream (disquera) o un referente de nicho (indie)?

Paso 2: Analiza tu género y mercado

- Regional mexicano/urbano: Las disqueras tienen fuerte control (Peso Pluma firmó con Prajin para distribución, pero mantiene independencia creativa).
- Rock/indie/alternativo: La independencia es viable (Little Jesus y Siddhartha).
- Pop comercial: Difícil competir sin presupuesto para radios y TV.

Paso 3: Negociación híbrida (ni blanco ni negro)

- Licencia de distribución: Cedes derechos por un tiempo limitado (2 años) y recuperas el control después.
- Acuerdos de co-inversión.

TODO TIENE SU
TIEMPO
Y EL PASO TIENE QUE SER
FIRME.
- Carlos Sarabia

Publishing

El publishing es el corazón invisible que mantiene viva la rentabilidad de una canción. Se enfoca en administrar los derechos de autor de las composiciones musicales (letra y música), garantizando que sus creadores reciban regalías cada vez que su obra se reproduce, interpreta, sincroniza en películas/publicidad, o se vende físicamente o en streaming. Aquí, dos figuras son clave: el compositor (dueño de la obra) y el editor musical (socio que gestiona y maximiza esos derechos). Plataformas como ASCAP, BMI o SACEM (dependiendo del país) recaudan y distribuyen regalías por actuaciones públicas, mientras que las regalías mecánicas (por ventas o reproducciones) suelen gestionarse a través de acuerdos con distribuidores o servicios como Harry Fox Agency. Sin un publishing sólido, incluso un éxito viral puede dejar a sus autores sin ganancias a largo plazo.

La estrategia inteligente implica dos acciones: registrar todas tus obras, aun las inéditas en una entidad de gestión de derechos, y aliarte con un publisher o convertirse en tu propio editor.

¿Independiente con las mismas oportunidades? Sí, pero...

Las plataformas digitales han democratizado el acceso, pero no garantizan éxito. Las cifras no mienten:

- Spotify: Estudios de 2022 indican que el 0.8% de artistas generan alrededor del 90% de las escuchas, pero esto varía año con año.
- TikTok: Incluso entre canciones virales, solo una pequeña parte logra traducir esa fama en una carrera sostenible.

Estrategias para triunfar como independiente:

1. Nichos hiperespecíficos: Enfócate en comunidades leales (Música para yoga, K-pop en español).
1. Data y algoritmos: Usa Spotify for Artists y YouTube Analytics para entender a tu audiencia.
2. Ingresos múltiples: Streaming + merchandising + conciertos virtuales + licencias + contenido personalizado (como covers exclusivos en Instagram).

Las disqueras no son el enemigo, pero hay que leer la letra pequeña.

Señales de un buen contrato:
- Derechos reversibles: El contrato establece que recuperas la propiedad de tus másters después de un período definido (5 a 10 años). Esto te permite monetizar tu obra en el futuro.
- Control creativo: Apruebas letras, diseños y colaboraciones.
- Transparencia: Auditorías anuales de regalías.

Señales de alerta (¡corre!):
- El sello posee el 100% de tus masters en perpetuidad.
- Debes pagar el 30% de tus ingresos en giras.
- No puedes lanzar música sin aprobación del sello.

Recuerda

"Una firma sin lectura es como ceder tu voz sin saber quién hablará por ti."

Una disquera puede ser un trampolín o un ancla.

La decisión está en los detalles.

Con quién te alíneas puede definir tu éxito

- Ya sea en una disquera o como independiente, tu equipo es clave:
  - Disquera: ¿El A&R entiende tu visión? ¿El CEO cree en ti o solo en tu potencial viral?
  - Independiente: ¿Tu productor comparte tu pasión? ¿Tu manager tiene contactos reales?
- Casos de éxito por equipo:
  - C. Tangana firmó en 2017 con Sony Music España, lanzando obras muy exitosas como *Ídolo* y *El Madrileño*. Gracias a negociaciones estratégicas, logró mantener amplio control creativo en sus trabajos, respetando su estilo independiente incluso dentro del sello.
  - Grupo Firme: Trabajó con un manager que entendía el regional mexicano y su audiencia en EE.UU.

No hay camino correcto, solo el tuyo

Ser independiente te da libertad, pero exige disciplina empresarial. Firmar con una disquera ofrece recursos, pero puede costarte autonomía.

La respuesta no está en modas, sino en tu visión y contexto:
- Elige independencia si:
  - Tienes un equipo sólido y recursos para invertir.
  - Priorizas control creativo sobre fama.
  - Tu género tiene audiencia en plataformas digitales (Bedroom pop, rap consciente).
- Elige disquera si:
  - Necesitas financiamiento para proyectos ambiciosos (giras, videos de alto presupuesto).
  - Tu meta es dominar mercados tradicionales (radio, TV, premios masivos).
  - Estás dispuesto a ceder control a cambio de infraestructura.

ELIGE EL CAMINO QUE TE PERMITA DORMIR EN PAZ ¿DISQUERA O INDEPENDIENTE?

07

YA PEGASTE ¿QUÉ SIGUE?

El éxito inicial en la música es un huracán de emociones: ovaciones que resuenan, primeras giras, y la dulce certeza de que tu arte conecta. Pero tras ese vértigo, llega la calma… y con ella, preguntas incómodas. ¿Qué sigue cuando el escenario se apaga y el entusiasmo se topa con la realidad de contratos opacos, presiones financieras y ofertas de marcas que prometen oro a cambio de tu autenticidad? Este capítulo no es un manual de triunfos, sino una brújula para navegar la encrucijada donde el arte choca con el negocio.

Lo difícil no es llegar sino mantenerse

Lograr un hit, llenar tu primera gira o viralizarte en redes es un hito emocionante, pero no es la línea de meta. Es el momento en que la carrera real comienza. Muchos artistas caen en la trampa de creer que el reconocimiento inicial garantiza permanencia, pero la industria musical es un mar de olas: hoy estás en la cresta, mañana puedes estar luchando por no hundirte. La pregunta crucial aquí no es "¿cómo llegué?", sino "¿cómo me sostengo?".

El mundo de la música evoluciona a un ritmo acelerado y aunque nuevos conceptos surjan, especialmente en el área de la distribución musical, los fundamentos persisten, ya que esta es una industria que se basa en las relaciones humanas. Por ello es vital, el contar con un equipo especializado y, aunque en nuestro contexto a menudo se requiere de versatilidad, es fundamental que cada miembro del equipo sea experto en un tema, por otro lado el tener canales de comunicación que sean expeditos y eficaces, así como saber que trabajamos hacia objetivos comunes, en lugar de logros individuales. Tenemos que trabajar con metas asequibles y tener la organización y estructura necesaria para estar preparados cuando el éxito llegue y poder amplificarlo al igual que mantenerlo.

Ariana Arciniega
Head of BD and Label Strategy LATAM - Virgin Music Group

Los tres pilares para no caer después de volar

1. Negociación inteligente:
   - Adelantos financieros: Un adelanto de una disquera puede parecer un salvavidas, pero si no lees las letras pequeñas, se convierte en una hipoteca creativa. Ejemplo: Un artista que acepta un adelanto de $100,000 sin entender que debe "recuperar" ese dinero con sus regalías antes de ganar un centavo.
   - Cláusulas clave: Asegura derechos de reversión (recuperar tus másters después de X años) y limita la exclusividad. Como dijo Prince: "Si no posees tus másters, tus másters te poseen a ti".
2. Mantenimiento de la relevancia:
   - Diversifica o muere: Muchos artistas independientes obtienen la mayor parte de sus ingresos de fuentes no musicales como merch, patrocinios o sincronizaciones.
   - Renovación sin traición: Experimentar con nuevos géneros o formatos (NFTs, álbumes visuales) atrae audiencias frescas, pero siempre con un hilo conductor.

3. Salud creativa y emocional:

   - El síndrome del "¿Y ahora qué?": Tras el éxito, muchos artistas enfrentan vacío existencial. La solución: trabajar con un equipo de apoyo (mentor, terapeuta, manager ético) que priorice tu bienestar sobre el beneficio rápido.
   - Ritmo sostenible: Gira inteligente vs. gira extenuante. Taylor Swift planea sus giras con años de anticipación, alternando entre proyectos masivos y periodos de descanso creativo.

La paradoja de las marcas: ¿Aliadas?

Las colaboraciones con marcas pueden financiar tu próximo álbum o diluir tu voz.

- Si eres un artista ecofeminista, ¿firmarías con una marca de moda rápida? Billie Eilish rechazó ofertas que contradicen su mensaje ambiental.
- No aceptes solo dinero; exige injerencia creativa. Rosalía en su campaña con MAC Cosmetics diseñó los tonos y la narrativa.

Contratos y finanzas

Este es uno de los temas que podría asegurar tu continuidad en la industria musical, te recomendamos revisar:

1. Derechos de másters perpetuos
   - ¿La disquera se queda con el 100% de los derechos de tus grabaciones? Así, aunque te separes de ellos, no puedes usar tus propias canciones en futuros proyectos sin pagar regalías.
   - Taylor Swift regrabó sus álbumes "Taylor's Version" para recuperar el control de sus másters después de que su antiguo sello vendiera sus derechos sin su consentimiento.
2. Exclusividad asfixiante:
   - El artista no podrá colaborar, publicar o promocionar música con terceros sin autorización durante 5 años. Esto limita tu creatividad y oportunidades de ingresos.
3. Cláusulas de gastos recargados:
   - ¿La disquera deduce costos de producción, marketing e incluso viajes de tus regalías? Si gastan $200,000 en promoción, tú pagas eso antes de ver ganancias.

3 preguntas para no firmar tu esclavitud

1. ¿Qué porcentaje de mis másters recuperaré después de X años?
   - Negocia una cláusula de reversión: (Después de 7 años, los derechos de másters revertirán al artista si el adelanto no se recupera).
2. ¿Qué gastos se deducirán de mis regalías?
   - Exige un límite máximo de gastos deducibles (No más del 30% de tus ingresos brutos).
3. ¿Puedo rechazar colaboraciones o proyectos que no alineen con mi marca?
   - Incluye una cláusula de aprobación creativa para mantener control sobre tu imagen.

> Hay días en los que parece que nadie escucha, que lo que escribes no importa, que ya todo está dicho, pero ahí es donde nace lo real. La música no siempre es para romper récords, a veces es solo para romper el silencio de alguien más. No sabes cuándo una canción tuya va a sanar a alguien, o cuándo una melodía tuya va a ser el único refugio de alguien esa noche. Así que escribe, incluso cuando duela. Escribe cuando estés en paz, y también cuando sientas que te estás cayendo a pedazos. Porque en cada palabra que nace de verdad, hay alguien esperando encontrar esa historia.

Jesús Caballero - Productor Musical y Compositor

Del bar al estadio:

Para manejar el estrés de llenar estadios, no solo se necesita talento, sino también preparación psicológica. La visualización es una herramienta clave: imagina el estadio lleno como una versión amplificada de tu bar local.

"Antes de cada show, imagino a la audiencia como si fueran mis amigos. Eso me ayuda a no sentirme abrumada por el tamaño del lugar."

— Taylor Swift, en entrevista con CBS Sunday Morning (2019)

Tener rituales previos, como meditar o escuchar música que te conecte con tu esencia, también es crucial para mantenerte centrado antes del show. Un equipo de confianza es esencial para garantizar que puedas enfocarte en lo que haces mejor: tu arte. Contar con un tour manager experimentado te ayudará a manejar imprevistos como fallas técnicas y retrasos.

> El público conecta con lo auténtico, natural y honesto. Rodéate de personas talentosas y sé el capitán de tu barco. Prepárate e involúcrate en cada área y detalle de tu proyecto. No hay que buscar solo una meta de dinero o fama. Hay que disfrutar y amar el proceso porque hay tesoros más valiosos en el camino. El éxito llega por consecuencia si lo haces con FE.

Diana Laura - Artista

LO QUE IMPORTA EN ESTE MUNDO Y EN ESTA VIDA ES SER FELIZ.
- Luis Alfonso Partida "El Yaki"

TU NUEVO TECHO ES TU NUEVO PISO.

El poder de la independencia

En un mundo donde el brillo de la fama masiva resulta tentador, hay artistas que eligen un camino distinto: el de la autogestión, la independencia radical y la autenticidad. Bandas como Molotov han sido pioneras en este enfoque, manteniendo una postura crítica frente a la industria y defendiendo su libertad creativa en cada proyecto. Esta independencia se refleja en su merchandising irreverente —con camisetas de mensajes provocadores y diseños audaces— refleja fielmente su identidad disruptiva y sin filtros, en total sintonía con su propuesta artística.

El arte de mantenerse relevante sin seguir las reglas del mainstream también se basa en la innovación constante y la capacidad de adaptarse a nuevos escenarios. Plastilina Mosh, por ejemplo, ha logrado trascender las fronteras tradicionales de la música al fusionar géneros como rock, electrónica y pop, y al llevar su sonido —con temas como "Peligroso Pop" y "Let U Know"— a medios internacionales como la saga de videojuegos FIFA.

Bandas independientes como División Minúscula han usado plataformas como Negro Pasión para vender merchandising directamente, sin intermediarios. Estos casos muestran que la comunidad, el apoyo educativo y los ingresos diversificados pueden ser tan sostenibles –si no más– que depender de la viralidad digital.

A pesar de las ventajas de la independencia, también hay trampas que deben evitarse. Firmar contratos de exclusividad con plataformas puede limitar el alcance de los ingresos, mientras que no registrar adecuadamente los derechos de autor puede significar la pérdida de regalías por sincronización y radiodifusión. Además, subestimar el poder de lo local es un error común. Tener una base de 1,000 fans leales que compran tu merchandising y asisten a tus shows es mucho más valioso que contar con cientos de miles de streams que no se traducen en una conexión real con el público.

El éxito inicial en la música no es un destino, sino un punto de partida. Este capítulo no solo ha revelado los desafíos ocultos tras los aplausos, sino que ha tejido un mapa de ejemplos para que puedas darle continuidad a tu carrera musical. Aquí está el resumen de lo esencial:

1. El éxito se sostiene con estrategia, no con suerte:
   - Los contratos son puentes, no cadenas.
   - Las colaboraciones con marcas no son un pecado, sino una herramienta: elige aliados que respeten tu voz, no la compren.
2. Crecimiento sin quemarse:
   - Escalar de bares a estadios exige más que talento: salud mental, equipo profesional y rituales que protejan tu esencia.
   - El burnout no es inevitable. Planifica giras sostenibles, prioriza el descanso y recuerda: tu cuerpo es tu instrumento principal.
3. Vivir del arte sin fama masiva es posible:
   - Molotov, División Minúscula o Plastilina Mosh lo demuestran: diversificar ingresos y cultivar comunidades leales es la clave.

PEGAR UNA CANCIÓN TE DA UN MOMENTO; CONSTRUIR UNA CARRERA TE DA UNA HISTORIA.

08

¿CÓMO GENERAR MÁS DINERO?

¿Cuánto vale una canción que salva un corazón roto? ¿O un concierto que convierte extraños en cómplices? En un mundo donde el streaming paga migajas y las marcas quieren comprar tu autenticidad por "exposure", determinar el precio de tu arte se vuelve un acto de rebeldía.

Este capítulo no es una calculadora fría, sino un manifiesto para que tu música no solo suene, sino que también sustente. Aquí, desmitificamos la idea de que "el arte no debe venderse". Por el contrario, exploramos cómo valorarlo con dignidad, sin caer en la trampa de regalar tu talento o ahogarte en la avaricia.

En estas páginas, no encontrarás fórmulas mágicas, sino herramientas para:

- Traducir tu esfuerzo en números sin perder la poesía.
- Negociar como un profesional, no como un mendigo.
- Defender tu precio incluso cuando el mundo te diga "bájale".

¿Cómo cobrar lo justo por un álbum físico en la era digital? ¿Qué cifra pone en jaque tu credibilidad al negociar con marcas? Y, sobre todo, ¿cómo evitar que el miedo al rechazo te haga subastar tu voz por centavos?

Artistas como Mon Laferte y Café Tacvba han demostrado que es posible vender vinilos a precios que superan los $30 USD, e incluso rechazar sponsors millonarios que no vibran con su esencia. Por otro lado, muchos talentos prometedores se desvanecen por firmar contratos que confunden "oportunidad" con "desesperación".

En la era del streaming, donde una canción puede escucharse millones de veces sin generar más que migajas, la pregunta no es "¿cuánto cuesta?", sino "¿cuánto vale?". Un álbum físico no es solo un disco: es un ritual, un objeto que contiene horas de noches en vela, historias que sanan y latidos convertidos en acordes. Fijar su precio implica calcular no solo el costo de producción, sino el valor simbólico que trasciende lo material. Mon Laferte no pone precio a sus vinilos por capricho, sino porque entiende que su arte es un pacto íntimo con quien está dispuesto a sostenerlo en sus manos.

No se trata de fórmulas mágicas, sino de romper el mito de que el arte debe ser un acto de caridad. Para ponerle precio a un sencillo, piensa en las horas de composición, en las lágrimas que lo alimentaron y en las risas que podría despertar. Luego, suma los gastos técnicos y multiplica por la osadía de creer que tu tiempo no es negociable. Si una marca quiere tu música, negocia como un aliado, no como un suplicante: exige porcentajes justos, cláusulas de respeto creativo y pagos que reflejen el impacto real de tu trabajo.

Dicho lo anterior, hemos diseñado 7 preguntas esenciales para definir el valor de tu música sin perder tu esencia:

1. ¿Cuál es el precio promedio del arte que estoy creando en este año?
2. ¿A quién le gustaría pagar por mi arte?
3. ¿Qué transformación ofrece mi música?
4. ¿Qué hace único mi arte frente al algoritmo?
5. ¿Mi precio me permite seguir creando?
6. ¿Qué diría mi yo futuro sobre este precio?
7. ¿Cuánto impacto tengo en mi comunidad?

VISIÓN
+
PERCEPCIÓN
=
DINERO.

LAS PERSONAS LLEGAN
POR UNA NECESIDAD
Y SI NO SE LAS DAS,
SE VAN A OTRO LUGAR,
SIN IMPORTAR QUE HAYAS
GANADO UN GRAMMY.

- Ramón Sánchez

Responder las preguntas anteriores, te brindará un enfoque que entrelaza lo emocional, lo práctico y el mercado actual. Ahora vamos a compartirte algunas estrategias para generar más dinero con tu arte:

Plataformas digitales:
1. Spotify:
   - Regalías: Por reproducción (se necesitan 250,000 streams en promedio para ganar $1,000).
2. Bandcamp:
   - Regalías: 85-90% para el artista (la plataforma solo toma 10-15% por ventas digitales y 10% por físicos).
   - Día de Bandcamp (primer viernes de cada mes): 100% de las ventas van al artista.
3. Patreon:
   - Regalías: Ingresos recurrentes mediante suscripciones mensuales.
   - Combínalo con conciertos virtuales para suscriptores.
4. Otras opciones:
   - Tidal: Regalías más altas que Spotify pero menor audiencia.
   - SoundCloud: Ideal para lanzamientos exclusivos y monetización directa.

NFTs en la música ¿Moda o revolución?

Son Tokens únicos en blockchain que certifican propiedad de activos digitales (música, arte, experiencias). Te permiten:

1. Lanzamientos exclusivos:
   - Artistas independientes: Vende ediciones limitadas de canciones con arte visual NFT (Solo 100 copias a $50 cada una).
2. Experiencias únicas:
   - Grimes vendió NFT que incluían música, videos y acceso a meet & greet virtuales.
   - Snoop Dogg ofrece "Stash Box" con música, mercancía virtual y entradas VIP a sus shows.
3. Regalías inteligentes:
   - Plataformas como Royal permiten a los fans comprar porcentajes de tus regalías.
     - Ejemplo: Si vendes el 10% de una canción, recibes un pago inicial y los compradores ganan con streams futuros.

Plataformas clave para NFTs musicales, son Audius, Catalog y OpenSea en las que puedes vender música y arte.

Licencias y Sincronización:

De tu estudio a la pantalla, imagina que tu canción suena en la escena clave de una serie de Netflix, mientras el protagonista toma la decisión que cambiará su vida. No es magia: es sincronización. Este es tu mapa para llegar ahí:

Fase 1: Prepara tu arsenal musical
- Versiones "desnudas": Crea pistas instrumentales y a capela. Las productoras adoran tener flexibilidad (El éxito de "Bella Ciao" en La Casa de Papel surgió al poder editar la canción para adaptarla al ritmo de los atracos).
- El ADN de tu canción: Metadatos impecables con ISRC, créditos claros (¿quién tocó el solo de saxofón?) y registro en sociedades de autores (BMI/ASCAP/SACM). Sin esto, tu música es un fantasma legal.

Hay tres cosas indispensables para sobrevivir en la industria: pasión, constancia y paciencia. Si tenemos esas tres cubiertas, el camino se va trazando solo; todo empieza a fluir.

Sarina Tachna
- Especialista en Marketing de Música Mexicana

Fase 2: Sube a los escenarios digitales
- Musicbed: Proyectos independientes.
- Artlist.io: Creadores de contenido para YouTube, podcasts y más.
- Pond5: Publicidad y trailers épicos.

Fase 3: Conquista a los "cupidos" de la industria
Los music supervisors son los matchmakers entre tu música y las pantallas.
- Asiste al Sync Summit o envía muestras personalizadas a estudios como Sony Pictures. Netflix recibe hasta 500 canciones diarias: haz que la tuya sea imborrable.
- Usa historias, no solo links. "Súper Hot", interpretada por Akasha con ingeniería de sonido a cargo de 6IXXX, fue sincronizada en la serie VGLY de HBO y puede escucharse al inicio del episodio 3 de la primera temporada. Una muestra clara de cómo una identidad bien definida y una producción auténtica pueden abrir puertas en la industria audiovisual.

Porque si ellos pudieron, tú también:
- La canción "Sálvame" de RBD no solo marcó una generación, sino que ha resurgido en distintos contextos emocionales gracias a su carga lírica intensa. Su letra sigue siendo una

de las más citadas cuando se trata de representar duelos, despedidas o momentos de vulnerabilidad.

- Ariana Grande protagonizó en Fortnite el evento Rift Tour (2021), donde ofreció una serie de conciertos interactivos con avatares y escenarios diseñados especialmente para la experiencia. Este tipo de colaboraciones demuestran cómo la música puede habitar nuevos espacios digitales y emocionales al mismo tiempo.

Cómo negociar un contrato de sincronización sin ceder derechos perpetuos

1. Duración limitada:
   - Ejemplo: "Los derechos de uso caducan después de 3 años, tras los cuales la productora debe renovar o retirar la canción".
2. Territorios específicos:
   - Evita acuerdos globales perpetuos. Limita a regiones (Solo para distribución en América Latina).
3. Usos restringidos:
   - Prohíbe que tu música se asocie a contenidos que dañen tu imagen (violencia explícita, mensajes políticos extremos).

4. Derechos de reversión:
- Ejemplo: "Si la obra no se utiliza en 12 meses, los derechos regresan al artista automáticamente".

Fuentes de fondeo para tu carrera

¿Qué tienen en común un disco financiado por fans apasionados, un concierto virtual que rompe fronteras y un precio que nadie se atreve a cuestionar? La respuesta es simple: son actos de resistencia.

En un mundo donde las disqueras tradicionales te piden el alma a cambio de un cheque, herramientas como el crowdfunding, los conciertos en streaming y la firmeza de cobrar lo justo se convierten en tu trinchera creativa. Aquí no hablamos de mendigar oportunidades, sino de construir puentes directos con quienes creen en tu arte —y pagarán por verlo crecer—. Porque, Bandas como Zoé iniciaron su camino tocando en circuitos independientes, apostando por una estética auténtica y letras introspectivas o Natalia Lafourcade al convertir "su sala" en un santuario virtual durante la pandemia, la independencia no es un límite: es el lienzo donde pintas tus propias reglas.

A continuación, te compartimos una serie de pasos para poder gestionar tu primer proyecto de autofinanciamiento artístico:

1. Crowdfunding: Más que donaciones, comunidad

1. Patreon:
   - Suscripciones mensuales a cambio de contenido exclusivo.
   - Amanda Palmer, pionera del modelo "fan-funded", utiliza Patreon desde 2015 para financiar su música con apoyo directo de sus fans, generando dinero a través de membresías con contenido exclusivo.
2. Kickstarter:
   - Cómo funciona: Campañas por proyecto (Álbum, gira). Si alcanzas la meta, recibes el dinero; si no, no se cobra.
   - Ejemplo: Amanda Palmer recaudó $1.2M para su disco "Theatre Is Evil" ofreciendo recompensas como cenas privadas con fans.
3. Ko-fi:
   - Donaciones únicas o recurrentes sin comisiones. Ideal para proyectos pequeños.

Errores a evitar:

- Prometer recompensas que no puedes cumplir.
- No comunicar avances (los fans quieren sentirse parte del proceso).

2. Conciertos virtuales: De la pantalla a la billetera

1. Estrategias de monetización:
   - Entradas escalonadas:
     - Básica: Acceso al show.
     - VIP: Meet & greet + descarga del concierto (BTS en VenewLive).
   - Merchandising digital: NFTs del evento, fondos de pantalla exclusivos.
   - Patrocinios: Colabora con marcas para cubrir costos a cambio de menciones (Este concierto es posible gracias a [marca]).
2. Plataformas recomendadas:
   - Veeps: Permite vender entradas y ofrece estadísticas detalladas.
   - Twitch: Ideal para shows acústicos en vivo con donaciones en tiempo real.
3. Caso de éxito: Mon Laferte realizó un concierto virtual con entradas.

¿Cómo llegan Rosalía, Banda MS o Julión Álvarez a cobrar medio millón de dólares por show?

Detrás de esas cifras no hay suerte, sino ingeniería cultural. Estos artistas no venden solo música: venden identidad. Banda MS, por ejemplo, ha convertido el regional mexicano en un fenómeno trasnacional, llenando estadios desde Los Ángeles hasta Monterrey con un público que no consume su música, sino que la vive. Rosalía, por su parte, juega en dos tableros: cautiva a puristas del flamenco con palmas ancestrales mientras conquista el pop global con beats audaces. No se trata de tener fans, sino de crear tribus que ven en cada acorde un espejo de su propia historia.

La clave está en la alquimia entre imagen y negocios. Julión Álvarez no es un simple cantante; es un símbolo de ascenso social. Su narrativa de "humilde pero exitoso" resuena tanto en rancherías como en ciudades, uniendo México a través de coros. Pero el verdadero arte está en cómo traducen esa lealtad en contratos blindados.

He visto transmutado en su equivalente físico el éxito que las canciones logran y trato de recordarlo cada vez que mi mente divaga. Hay un camino diferente para cada artista y hay que estar dispuesto a explorarlo, porque tú eres único y único va a ser tu destino. No te puedes comparar con nadie, ni puedes perder el tiempo viendo como a través de su obra les funciona a los demás la vida, porque en el fondo lo bonito de ella, es, que es única y personal. Deseo que encuentres lo que buscas, y que a su vez te cueste el trabajo que eso requiera, porque sólo así disfrutarás el sabor de la victoria y apreciarás el valor de las cosas bellas. Pero sobre todo, le darás el valor que le corresponde al arte.

JF - Compositor

Banda MS no cobra por un concierto: cobra por una experiencia premium, que incluye escenarios temáticos, pirotecnia sincronizada e incluso un porcentaje de las ventas de merchandising. Rosalía, mientras tanto, convierte cada show en un evento sociocultural donde la moda, el arte visual y el flamenco se fusionan, justificando tarifas que rivalizan con las de las estrellas pop globales.
El secreto final: no depender de una sola fuente.

Estos artistas son multinacionales creativas:
Mientras Julión Álvarez apostó por la independencia total y el control absoluto de su carrera, Rosalía firmó colaboraciones millonarias con MAC Cosmetics y se consolidó como un ícono global. Banda MS, por su parte, ha transformado su proyecto en una maquinaria profesional: llenan estadios en Estados Unidos, colaboran con artistas como Snoop Dogg y gestionan sus giras como una empresa de alto nivel.
Su meta no es solo cobrar por un concierto, sino construir imperios donde la música es el corazón, pero no el único órgano.

¿La lección? Para cobrar como estrella, debes pensar como CEO de tu propio legado.

Para finalizar, el capítulo, te brindamos un decálogo de consejos brutales (y realistas) para que tu música no solo suene, sino que también pague tus facturas sin perder autenticidad:

1. Convierte fans en socios, no en seguidores.
2. Vende experiencias, no entradas.
3. La merch es tu segundo álbum.
4. Sé un cazador de sincronizaciones.
5. Conviértete en una marca (sin venderte).
6. Domina el arte de las regalías.
7. Crea lo que todo mundo quiera replicar.
8. Usa el "poder de la escasez".
9. Aprende a decir "NO" con elegancia.
10. Reinvierte como un magnate.

La próxima vez que alguien te diga, (la música no da para vivir), enséñale este decálogo.

> Trabaja en equipo y colabora con tantas personas como puedas. Si hay una regla número uno que he aprendido en todo el tiempo que llevo en esto —o al menos en mi juego— es tener palabra, ser leal, y nunca mirar por encima del hombro a nadie. A todos, con admiración y respeto. Colabora, pero no dependas de nadie. Sal, conéctate, ve a fiestas (sin perder el control ni desubicarse), porque la oportunidad está ahí afuera, en la calle.

Roberto Zamudio
- Compositor y Productor Musical

LA MÚSICA ES ARTE, PERO LA SUSTENTABILIDAD ES INTELIGENCIA APLICADA.

09

¿CÓMO TE VAN A CONOCER LOS FANS?

En un universo digital donde todos compiten por el mismo scroll infinito, la verdadera pregunta no es "¿cómo conseguir más seguidores?", sino "¿cómo hacer que quienes te encuentren nunca te olviden?" y se conviertan en "fans". Kenia Os, no conquistó el mundo por los likes en Instagram, sino porque cada video, cada outfit y cada acorde cuentan una historia que sus fans sienten propia. Así como ella, tú no estás aquí para llenar feeds, sino para ocupar espacios emocionales. Hablamos de estrategias que van más allá de TikTok o Spotify: hablamos de construir una comunidad de sangre y latido, donde el "FANOMETRO" no mide números, sino la intensidad con la que alguien defendería tu música en una cena familiar.

Del algoritmo a la tribu:

Imagina que el algoritmo es un río furioso: puedes ahogarte intentando nadar contra su corriente o aprender a navegarlo para llegar a la orilla donde tus fans te esperan con los brazos abiertos. No podemos abordar las redes sociales desde la perspectiva de garantizar que todas las plataformas sean perfectas. Estas no son inherentemente buenas o malas; simplemente cumplen funciones específicas. Su evolución y la competencia han generado dinámicas donde los usuarios buscan llenar vacíos, como acumular seguidores o evitar vulnerabilidades. Sin embargo, el éxito no radica en números astronómicos (10,000 o 100,000 seguidores), sino en iniciar con una base pequeña y auténtica.

Una estrategia de crecimiento acelerado puede tentarte a creer en métricas infladas, pero lo verdaderamente valioso es construir conexiones reales, colaborar y mantener continuidad. Es un proceso lento, pero sostenible y reconocido a largo plazo para lograr construir un legado en un mundo de ruido.

El algoritmo ¿aliado o enemigo?

El algoritmo no es un adversario, sino una herramienta. Si priorizas la autenticidad, el engagement genuino y la adaptación a tendencias orgánicas, trabajará a tu favor. Los fans no siguen números, sino historias que resuenan. Enfócate en crear valor, no en perseguir perfección artificial. La verdadera conexión trasciende métricas y convierte seguidores en comunidades comprometidas.

FANOMETRO: Escala de fans

Imagina que cada fan es una nota en la sinfonía de tu carrera. El FANÓMETRO no es una simple escala del 1 al 6: es el mapa secreto para transformar a un extraño que ni siquiera sabe tu nombre en un guerrero que tatuaría tu logo en el pecho.

1. No te conoce.
2. Te conoce.
3. Consumido aleatoriamente.
4. Consumido con regularidad.
5. Empatizado con el proyecto.
6. Promotor incondicional.

¿Cómo pasó Bad Bunny de ser un tipo en SoundCloud a tener fans que organizan flashmobs en plazas públicas? ¿Cómo Café Tacvba logró que su música se heredara de padres a hijos? La respuesta está en entender que los fans no se miden, se cultivan. En este viaje, no buscas números: buscas conversiones alquímicas.

- Del nivel 1 ("No te conoce") al nivel 6 ("Promotor incondicional"), hay un abismo de estrategia, paciencia y autenticidad.
- Un nivel 3 ("Consumido aleatoriamente") es como un match en Tinder: fugaz y olvidable.
- Un nivel 6 es como un matrimonio: juran lealtad, defienden tu arte en redes, y hasta pelearían con un troll por ti.
- El nivel 6 no se compra... se conquista.

Aquí no hablamos de métricas frías, sino de grados de fiebre emocional. Tu meta no es tener 100,000 seguidores, sino 100 fans en nivel 6 que moverían montañas por ti. Ahora te preguntamos ¿En qué escala del FANOMETRO se encuentra la mayoría de tus seguidores?

SI ERES CONSTANTE
Y SIGUES TU CORAZÓN
SIEMPRE VAS A TRIUNFAR.

- Steff Loaiza

ARTISTA QUE NO ES VISTO, NO ES STREMEADO.

Promoción funcional y digital

La promoción efectiva requiere entender que el entorno digital está saturado. Cuando un proyecto está en desarrollo y con pocos recursos, es natural enfocarse en canales digitales. Pero ahí todos competimos por atención, historia y autenticidad. En medios tradicionales (TV, radio), el acceso es limitado, por lo que destacar implica apuntar a un estatus o valor reconocido.

La clave para ser relevante son los fans. Para conquistarlos, hay que comprender sus necesidades y priorizar la calidad sobre la cantidad. A continuación, los pilares para lograrlo:

1. Define objetivos claros y mensajes directos.
2. Desarrolla una identidad sólida y coherente.
3. Aprovecha oportunidades espontáneas para interactuar.
4. Adapta contenido sin perder esencia.
5. Equilibra consistencia y flexibilidad.
6. Ajusta estrategias según feedback y métricas.

Comunidades: Calidad sobre cantidad

No subestimes el poder de una comunidad pequeña. Estas no son "líquidas" ni efímeras; incluso los grupos reducidos pueden ser sólidos y estructurados si se cultivan con intención. Lo crucial no es alcanzar un millón de miembros, sino garantizar que la comunidad genere conexiones significativas, diálogo y compromiso.

Los proyectos que priorizan números vacíos (como seguidores sin interacción) terminan diluyendo su esencia, es por ello que te compartimos algunas claves para construir comunidades auténticas:

1. Enfoque en nichos: Atrae a personas con intereses específicos, no a las masas.
2. Compromiso: Fomenta la participación, no solo la observación pasiva.
3. Transparencia: Clarifica valores y expectativas para evitar malentendidos.
4. Adaptación: Escucha las necesidades de la comunidad y evoluciona con ella.

El liderazgo de tu comunidad:

Para consolidar una comunidad, es esencial un liderazgo claro y accionable. Por ejemplo, organizar eventos exclusivos (como conciertos o encuentros) no solo refuerza el sentido de pertenencia, sino que también convierte seguidores en embajadores. Invierte en experiencias memorables: "Comprar un boleto para un concierto" simboliza más que un evento; es un pacto de lealtad entre el proyecto y sus fans. El algoritmo y los medios son herramientas neutrales. Su impacto depende de cómo los uses: si priorizas comunidades reales, contenido valioso y liderazgo coherente, se convertirán en aliados. Si persigues atajos vacíos, serán obstáculos. La verdadera conexión se construye paso a paso, no con números inflados.

En la era digital, las actitudes definen cómo se percibe un proyecto. No se trata de seguir fórmulas rígidas o buscar validación masiva, sino de alinear acciones con valores auténticos. En su lugar, enfócate en crear contenido que refleje tu esencia y responda a las necesidades reales de tu audiencia.

Medios de comunicación:

Imagina que los medios son instrumentos en una orquesta: la radio es el violín que llega al corazón de las abuelas, TikTok es la batería que acelera el pulso de los jóvenes, y la televisión es el piano que resuena en las salas de millones.

En un mundo donde los artistas son bombardeados con el mantra de "tienes que estar en todas partes", esta lección no es un manual para saturar plataformas, sino una guía para elegir dónde plantar banderas. Porque, ¿de qué sirve tener un millón de seguidores si ninguno sabe tu nombre? Porque un medio no es "bueno" o "malo": es un puente. Y tú decides si cruzarlo corriendo, bailando, o prendiéndole fuego para iluminar el camino.

Aquí tienes un listado ampliado de medios estratégicos para artistas, con ejemplos concretos y cómo sacarles provecho sin perder autenticidad:

Medios Tradicionales:

1. Radio:
   - Estaciones locales o comunitarias: ideales para artistas emergentes. Ejemplo: Radio Ibero 90.9 en CDMX, que apoya talento independiente.
   - Programas especializados en música: como Los 40 Principales (pop) o Reactor (rock/alternativo).
   - Radio pública o cultural: como NPR Music en EE.UU., que ha impulsado a artistas como Ca7riel o Paco Amoroso.
2. Televisión:
   - Programas musicales: Acústico (MTV), La Voz (para ganar exposición masiva) o Código CDMX (Canal Once).
   - Programas culturales o de entrevistas: como Tiempo Real (Canal 22) o Conversando con Cristina, ideales para artistas con perfil narrativo o conceptual.
   - TV local: noticieros matutinos o espacios como Hoy y Ventaneando, que incluyen secciones culturales enfocadas en talentos emergentes.

Medios Digitales y Especializados

1. Plataformas de streaming con curaduría:
   - Playlists temáticas en Spotify como Fresh Finds o Radar México, y en Apple Music como Nuevo Rock Latino, ofrecen visibilidad segmentada a nuevos talentos.
2. Medios nicho:
   - Revistas y sitios especializados como Rolling Stone México, Indie Rocks!, Vice o Noisey, son ideales para audiencias alternativas.
   - Blogs y podcasts por género: ejemplos como Corridos Prohibidos (regional mexicano) o Electrónica MX (música electrónica) ayudan a conectar con públicos específicos.
3. YouTube como TV del siglo XXI:
   - Canales como COLORSxSTUDIOS: artistas como Feid han revitalizado su imagen gracias a sesiones íntimas en este formato.
   - Plataformas de sesiones en vivo: Audiotree (ideal para bandas) y Tiny Desk Concerts de NPR, ofrecen exposición artística en entornos auténticos.

4.Periódicos y revistas locales:
- Suplementos culturales de diarios como El Universal o Reforma (México).

5.Colaboraciones con colectivos artísticos.

Redes sociales

Las redes sociales no son álbumes de fotos estáticos, son teatros interactivos donde cada post, story o comentario es un acto de tu obra maestra. Tampoco son para que todo el mundo te descubra, son para que quienes ya te aman te amen más. Si tienes 1,000 seguidores pero 100 repiten tu coro en un estadio, has ganado.

- Elige al menos una plataforma para dominar este mes (TikTok).
- Programar 3 posts que revelen tu proceso creativo (no solo resultados).
- Responder a 10 fans con mensajes personalizados (emojis, audios, preguntas).
- Bloquear 1 hora semanal para analizar métricas sin obsesionarte.
- Convierte cada plataforma en una extensión de tu arte, no en un deber.

¿Listo para que tus redes no suenen a marketing sino a arte puro? Cuando dudes, recuerda: Bob Marley no tenía Instagram pero si hubiera vivido en la era digital, es fácil imaginarlo compartiendo jam sessions en la playa más que selfies con filtros.

El mundo digital es un espejo roto, millones de fragmentos reflejando ruido, egos y canciones que nadie recuerda. Pero en medio del caos, hay artistas que no buscan reflejarse en esos pedazos, sino fundirlos para crear un espejo nuevo. Este capítulo no te enseñó a ganar seguidores, sino a esculpir templos donde los fans no consumen tu música, sino que la viven.

La verdadera fama no se mide en reproducciones, sino en las huellas que dejas. Y tú, ¿quieres ser un dato en un servidor o un ritual en la vida de alguien? Los medios, las redes y los algoritmos son solo ladrillos. El monumento lo construyes con autenticidad, comunidad y la osadía de creer que tu arte no necesita permiso para existir. Así que sal de este capítulo con una certeza: tus fans no te encontrarán... tú los encontrarás a ellos.

TUS FANS NO TE ENCONTRARÁN, TÚ LOS ENCONTRARÁS A ELLOS.

LA MERCH

La merch no es solo una playera con tu logo: es un puente entre tu música y el corazón de tus fans. En un mundo donde los streams pagan centavos y las giras no siempre cubren costos, la mercancía bien pensada se convierte en un salvavidas financiero y un símbolo de identidad. Imagina que una playera, como las de La Adictiva, se vuelva un amuleto para tus seguidores, o que, al estilo de Carlos Anderson (El Obama), termine siendo la prenda favorita de alguien en otro continente. Este capítulo no habla de vender productos, sino de crear piezas que digan "esto es quién soy" y "aquí estuviste".

Prepárate para descubrir cómo convertir cada producto en una experiencia, cada compra en un recuerdo, y cada fan en un embajador de tu arte. Porque, al final, el merch no es lo que vendes: es lo que dejas en quienes creen en ti. ¿Listo para que tu arte salte de los escenarios a las calles?

Diseño y autenticidad

1. Convierte tu esencia en diseño:
   - La Adictiva y sus playeras con símbolos de la cultura sinaloense. Cada pieza cuenta una historia ligada a sus corridos.
   - Carlos Anderson usa playeras con frases como "Protégeme Señor", que reflejan una espiritualidad genuina sin perder su esencia ni su estilo bélico. No se disfraza para agradar a todos, ni suaviza su mensaje. Habla con la convicción de que se puede ser real, creyente y auténtico al mismo tiempo.
2. Pasos clave:
   - Investiga a tu audiencia: ¿Qué valores comparten? Ejemplo: Si tu música habla de resistencia, diseña playeras con consignas como "El arte es revolución".
   - Usa símbolos de tu trayectoria: Incluye letras de canciones, fechas de giras o imágenes de álbumes.
   - Colabora con artistas visuales: Busca diseñadores que entiendan tu narrativa.

Errores que matan tu merch

1. Calidad baja:
   - Playeras que se despintan al tercer lavado.
   - Invierte en materiales premium (algodón orgánico, estampados en serigrafía).
2. Diseños genéricos:
   - Logos básicos sin contexto.
   - Feid incluyó lentes de sol temáticos como parte de su merchan-dising oficial durante el FERXXOCALIPSIS Tour 2024
3. Ignorar la identidad cultural:
   - Playeras en inglés para una audiencia 100% hispana.
4. Sobrediseño:
   - Saturar con colores y textos.
   - Menos es más. Billie Eilish vende hoodies oversize con su nombre en tipografía minimalista, un éxito por su simplicidad.

Casos de éxito

- Harry Styles: Sus suéteres se volvieron un símbolo y fueron parte de un fenómeno de merchandising masivo.
- Banda MS: su estilo ha influido incluso en la moda, llevando el regional mexicano a las pasarelas de la cultura popular.

SI TE VAS A DEDICAR A ESTE JALE TIENES QUE SABER CUALES SON TUS TRES ENTRADAS DE DINERO, TU MÚSICA, TU SHOW Y EL MERCHANDISING.

- Gastón Espinosa "Lng/SHT"

TU CANCIÓN TAMBIÉN SE VISTE.

Merch como experiencia

Las ARMY Bombs (lightsticks oficiales) se sincronizan vía Bluetooth con el escenario, cambiando de color al ritmo de las canciones creando un "mar de luz" que une a la audiencia.

- Cómo replicarlo:
    - Merch interactivo: Usa pulseras LED programables (como las de Coldplay) que brillen durante ciertas canciones.
    - Apps exclusivas: Vincula tu merch a una app donde los fans puedan acceder a contenido detrás de cámaras o votar por setlists.

Otras ideas:
- Entradas + merch bundle: Ofrece una playera exclusiva solo para quienes compren boletos VIP.
- Experiencias on-demand: En conciertos, imprime playeras al momento con el nombre del fan o la fecha del evento (usando impresoras portátiles como Primera).
- Gorras con el nombre de tus canciones.

La merch no es un producto: es un testamento material de lo que tu música representa. Por ejemplo, Harry Styles ha transformado su lema "Treat People With Kindness" en merch real con propósito social, y sus fans lo llevan como símbolo de pertenencia. BTS no vende solo un lightstick, sino una experiencia colectiva: su "ARMY Bomb" es un estandarte que convierte estadios en verdaderas constelaciones humanas, un puente tangible entre el artista y su tribu.

Este capítulo no fue una clase de ventas, sino una invitación a entender que cada playera, collar o taza que creas es un eslabón en la cadena de tu legado. Aprendiste que el diseño no se trata de estampar logos, sino de traducir tu alma en objetos. Como La Adictiva, que convirtió playeras en símbolos de la cultura sinaloense.

En resumen:
- Tu merch es tu bandera en el mundo físico.
- Cada venta es un pacto de lealtad, no una transacción.
- La calidad no es un gasto: es una declaración de respeto a quienes te apoyan.

ESTA PLAYERA NO ES MÍA, ES NUESTRA.

11

LA JOYA DE LA CORONA: SOLD OUT

Llegamos aquí, al abismo entre el sueño y la realidad, al momento en que tu música ya no cabe en auriculares, estudios o algoritmos, está viva y exige un escenario. Este capítulo no es un manual para llenar estadios, sino una carta a esos segundos en los que el tiempo se detiene: cuando tus canciones dejan de ser tuyas para ser de quienes las gritan, lloran y convierten en himnos. Kevin Kaarl, quien comenzó su carrera tocando en plazas públicas, ha logrado llenar espacios emblemáticos como el Escenario GNP y se prepara para presentarse en el Auditorio Nacional con su gira Ultra Sodade Tour 2025.

O a Peso Pluma, que pasó de fiestas locales a encender Coachella con un corrido tumbado. ¿Magia? No. Es la alquimia de convertir pasión en impacto, y miedo en fuego.

Hablamos de conciertos, sí, pero no de esos que se miden en boletos vendidos.

Detrás de cada sold out hay permisos municipales que son laberintos, promotores que quieren tu alma por un 10% de ganancias, y noches en vela preguntándote si valdrá la pena. Justin Bieber canceló giras por burnout, y tú... ¿sabrás cuándo parar? ¿O cómo negociar sin perder tu esencia?

Aquí no hay atajos, pero sí brújulas. Aprenderás a calcular el precio de una entrada sin traicionar a tu comunidad, a elegir entre un bar íntimo o un festival masivo sin venderse al primero que ofrezca un cheque, y a usar el escenario no para actuar, sino para conversar con almas.

Este capítulo es tu último desafío:

Organizar un concierto no es el final. Es el principio de todo. Porque la verdadera "joya de la corona" no es un estadio lleno, sino saber que, décadas después, alguien dirá: "Ahí estaba yo. Esa noche cambió algo en mí". ¿Listo para que tu música deje de sonar y empiece a retumbar?

Cómo convertir sueños en eventos (sin morir en el intento)

Paso 1: Elige tu escenario como si fuera tu canción favorita

No todos los venues son iguales. La sala ideal no es la más grande, sino aquella que resuena con tu energía y el tipo de experiencia que quieres ofrecer.

- Kevin Kaarl, con su estilo nostálgico y folk íntimo, ha agotado múltiples recintos durante su gira Paris Texas y Ultra Sodade. Su música ha generado atmósferas cargadas de emoción y conexión directa con el público.

Checklist para elegir:
- ¿El lugar tiene equipo técnico básico (sonido, luces) o debo llevarlo?
- ¿La ubicación es accesible para mi audiencia? (Si tus fans son estudiantes, evita lugares lejos del transporte público).
- ¿El aforo coincide con mi base de seguidores? (Si tienes 500 fans fieles, un lugar de 1,500 asientos te hará ver vacío).

Paso 2: Permisos, seguridad y el arte de no terminar en las noticias (por lo malo)

Organizar un concierto es como planear una boda, pero con más riesgo, cuida cada uno de los detalles desde la entrada hasta el escenario.

- Permisos: En México, necesitas un permiso de espectáculos públicos
- Coldplay invierte cifras astronómicas en cada show, destinando miles de dólares a sonido, luces y tecnología inmersiva, pero tú no eres Coldplay (aún).
- Si tocas en un bar, pide que el dueño se encargue de los permisos. Muchos ya tienen trámites preaprobados.

Paso 3: Precio de entradas

Calcular el precio no es matemática pura: es psicología, economía y un poco de emoción.

Fórmula básica: Precio ideal = (Costos totales ÷ N° de entradas) + Margen de ganancia

- Costos totales: Incluye todo.
- Margen de ganancia: 20-30% es razonable.

Ejemplo:

- Grupo anónimo empezó cobrando 150 MXN. Ahora cobra 1,500 MXN en arenas, pero subió el precio gradualmente, sin espantar a su base.

Trucos para no parecer codicioso:

1. Entradas early bird: Ofrece un 30% de descuento a los primeros boletos.
2. Pack "Fanático": Incluye entrada + playera + meet & greet a un precio especial
3. Precios dinámicos: Usa apps como Eventbrite para ajustar precios según la demanda (sube un 10% si se venden rápido).

El secreto final: Menos ego, más comunidad

Un concierto no es tu show, es un regalo colectivo.

- Interactúa: Pídeles que canten un coro, como hace Shakira.
- Sorprende: Invita a un artista local a abrir el evento (te ahorras dinero y ganas aliados).
- Agradece: Al final, di "Esto no sería posible sin ustedes" (en serio, funciona).

Checklist de acción:

1. Elige un venue que haga que tu música suene mejor, no más fuerte.
2. Calculé precios con la fórmula sagrada (sin olvidar el costo del guardia que vigilará la puerta).
3. Tengo un Plan B por si llueve, se va la luz, o el sonidista llega crudo.

¿Listo para que tu primer concierto no sea un "ensayo", sino un "antes y después"? (Y recuerda: hasta Bad Bunny empezó tocando en fiestas de pueblo. El chiste es no quedarse ahí).

Escribir canciones no es solo juntar palabras; es un acto de fe. Cada canción que nace es una declaración de que algo dentro de ti merece existir fuera. A veces sin pretensiones, solo por el impulso artístico de crear. Y para crear, hay que creer: en tus ideas, en tu voz, en el poder de una historia que aún no ha sido contada. No dejes de escribir. Lo que hoy dudas, mañana puede inspirar a alguien más. Por eso crea con el ALMA y cree con el CORAZÓN.

Eudis Ruiz - Compositor

¿Qué hace que un concierto sea inolvidable?

Un concierto memorable no es un checklist de equipos caros o notas perfectas. Es un viaje colectivo donde la tecnología y las emociones chocan para crear. Piensa en Freddie Mercury: su voz no era siempre impecable, pero su energía convertía a 70,000 personas en una sola garganta. ¿El secreto? Equilibrar lo técnico con lo humano. En tu próximo concierto, revisa:

1. Calidad técnica (El esqueleto):
   - Sonido cristalino, luces que pintan emociones, un escenario que cuente tu historia.
2. Energía del artista (El alma):
   - ¿Saltas, lloras, hablas con el público? Tu actitud define si el show es un ritual o un ensayo.
3. Interacción (La chispa):
   - Coldplay no vende entradas, vende pulseras luminosas que convierten al público en una galaxia.
   - Zoé ha protagonizado momentos memorables en el Foro Sol, donde miles de fans corean temas como Labios Rotos, generando una conexión emocional colectiva.

De Artista Local a Headliner

Antes de soñar con el Vive Latino o Coachella, domina tu escena local. Los festivales no buscan artistas "nuevos", buscan artistas que ya mueven multitudes. Peso Pluma no saltó de Jalisco a giras internacionales de la noche a la mañana. Primero saturó bares y fiestas regionales, donde su fusión de corridos tumbados y beats modernos se volvió infaltable en las playlists de su comunidad.

- Crea una base de fans irrompible: Llena 3 veces el mismo bar antes de pedir un lugar más grande.
- Colabora con artistas locales: Haz featuring con el DJ o la banda de rock de tu ciudad. Danna Paola empezó en telenovelas, pero su versatilidad la llevó a colaborar con artistas de distintos géneros, construyendo una carrera que rompió fronteras.
- Usa redes sociales como trampolín: Sube videos de tus shows locales con hashtags como parte de tu movimiento musical.
- Contenido viral estratégico: Sube videos tocando en mercados y plazas públicas, mostrando autenticidad (no estudio profesional).

ALGUNOS LUGARES SON MUY PEQUEÑOS PARA EL TAMAÑO DE NUESTROS SUEÑOS, NO SE AJUSTA EL SUEÑO, SE AJUSTA EL LUGAR.
- Karina Catalán

LOS
ÉXITOS
NO SE
CANTAN
SOLOS.

Presión y Salud Mental

¿Qué tienen en común Justin Bieber, Selena Gómez y Maluma? Que todos cancelaron giras o conciertos por agotamiento extremo. En 2017, Bieber anunció que no continuaría su gira Purpose tras 150 conciertos: "Me siento vacío, necesito sanar". ¿El costo de ser estrella? Su salud mental, es por ello que a continuación, te compartimos, señales de que estás al borde del burnout (y cómo actuar).

1. Síntomas físicos:
   - Fatiga crónica (dormir 12 horas y despertar exhausto).
   - Pérdida de voz frecuente (como le pasó a Shakira en 2018).
1. Síntomas emocionales:
   - Irritabilidad con tu equipo o fans (ej. Britney Spears en 2007).
   - Indiferencia hacia tu propia música ("¿Para qué canto esto?").
1. Síntomas mentales:
   - Olvidar letras en pleno escenario (como le ocurrió a Adele en 2016).
   - Incapacidad para tomar decisiones simples (elegir un outfit).

Tácticas reales para sobrevivir a una gira (sin odiar tu música)

1. Domina el arte de decir "NO"
(sin remordimientos)
Poner límites no es egoísmo, es supervivencia creativa. Establece reglas claras:

- Máximo 4 shows por semana, incluso si eso significa ganar menos. Tu voz y tu mente necesitan recuperarse.
- Días de descanso sagrados: Nada de entrevistas, ensayos ni redes sociales.

2. Tu equipo de gira no es un lujo, es tu salvavidas
Viaja con profesionales que protejan tu cuerpo y tu mente:

- Terapeuta: Un psicólogo que te acompañe para manejar estrés y ansiedad.
- Médico y entrenador físico: Como el de Juanes, que desde 2002 evita lesiones con rutinas de estiramientos y resistencia.
- Chef personal y nutricionista.

Sé artista, pero no máquina, explora, vive y recarga. ¿Listo para que tu gira no sea una condena, sino una aventura?

¡Otra, otra, otra!

Este capítulo no fue sobre hacer conciertos, sino sobre crear legados que latan más fuerte que el streaming, los algoritmos o el ego. Aprendiste que un show no se mide por los decibeles, sino por las lágrimas de quien juró que tu canción le escribió el corazón. Que Coldplay no vende entradas, vende universos de luz. Pero también descubriste el lado oscuro: Justin Bieber cancelando giras, artistas que cambian guitarras por pastillas, y el silencio aterrador tras apagarse las luces. Por eso, la verdadera conclusión no es un checklist, sino una advertencia y un desafío:

¿Serás de los que usan el escenario para huir de sus fantasmas o de los que convierten sus fantasmas en himnos que salvan a otros?

Porque al final, las pulseras luminosas se apagan, los contratos se olvidan y los estadios se cierran. Pero lo que queda es el eco de tu verdad en cada fan que, años después, aún tararea tu coro en el metro, en la ducha, en el silencio de su cuarto.

Así que, artista:

Toca como si cada nota pudiera resucitar un alma. Canta como si el mundo necesitara tu verdad para no rendirse. Descansa, pero no te apagues. Lucha, pero no te rompas. Y si alguna vez sientes que nadie escucha… escucha tú primero: tu voz vale. Tu arte vale. Tú vales. Porque no viniste a llenar escenarios, viniste a incendiar corazones. Cuando las luces se apaguen, que no quede silencio, sino eco. Cuando llegue el burnout, que no llegue solo el cansancio, sino la certeza de que estás construyendo algo eterno.

Tú no eres un dato en Spotify, ni una tendencia en TikTok, eres fuego, legado, eres historia en construcción. Así que, sí: Cuando el público grite "¡otra!", no respondas con una canción más… responde con una versión más valiente de ti.

¿Listo para que tu próxima "otra" no sea un bis… sino el inicio de tu leyenda?

POR QUE...
CADA CANCIÓN CUENTA.

¡Gracias por leer
nuestra canción!